Christine Rüegg-Hermes

Zeit zum Stehenbleiben

Christine Rüegg-Hermes

Zeit zum Stehenbleiben

Texte zum Vorlesen, Nachdenken und Freuen

Fromm Verlag

Impressum/Imprint (nur für Deutschland/ only for Germany)
Bibliografische Information der Deutschen Nationalbibliothek: Die Deutsche Nationalbibliothek verzeichnet diese Publikation in der Deutschen Nationalbibliografie; detaillierte bibliografische Daten sind im Internet über http://dnb.d-nb.de abrufbar.

Contact:
International Book Market Service Ltd., 17 Rue Meldrum, Beau Bassin, 1713-01 Mauritius
Website: www.bookmarketservice.com
Email: info@bookmarketservice.com

Gedruckt in: USA, UK, Deutschland. Dieses Buch wurde nicht in Mauritius produziert.

Imprint (only for USA, GB)
Bibliographic information published by the Deutsche Nationalbibliothek: The Deutsche Nationalbibliothek lists this publication in the Deutsche Nationalbibliografie; detailed bibliographic data are available in the Internet at http://dnb.d-nb.de.

Contact:
International Book Market Service Ltd., 17 Rue Meldrum, Beau Bassin, 1713-01 Mauritius
Website: www.bookmarketservice.com
Email: info@bookmarketservice.com

Printed in: U.S.A., U.K., Germany. This book was not produced in Mauritius.

ISBN: 978-3-8416-0157-5

Wie diese Geschichten entstanden – und wie immer neue Geschichten entstehen

Alle Geschichten in diesem Buch sind mir eigentlich „zugefallen“ – sie sind Zufallsprodukte und insofern nicht meine eigene Leistung.
Durch meine Tätigkeit als Pastorin in der Krankenhaus-Seelsorge begegne ich fast täglich Patientinnen und Patienten, von denen ja jede, jeder seine eigene Lebensgeschichte mitbringt. Diese Geschichten scheinen oft schon durch wenige Sätze hindurch, die mir mitgeteilt werden. Ich hoffe, dass durch die Art meiner Wiedergabe davon etwas für Sie als Leser, als Hörerin „gerettet“ wird - also hinübertransportiert wird in Ihre Vorstellungs- und Gefühlswelt, so dass Sie teilhaben können an den Erfahrungen und an den Erkenntnisfreuden dieser Menschen.
Was diese mitzuteilen haben, ist zwar meist nicht spektakulär. Denn sie sind weder besonders reich, noch berühmt oder sonst irgendwie besonders. Aber das macht nichts - es berührt und bereichet uns doch im Inneren, zu sehen, wie sie sich selber betrachten.
Jeder Mensch, von dem ich etwas erfahre, ist ja irgendwie wie ein Spiegelbild meiner selbst – oder eben ein Gegen-Bild: eine andere Möglichkeit, eine nicht realisierte Möglichkeit meiner selbst.
Manchmal mag ich es schade finden, manchmal bin ich auch froh darüber, dass ich selbst „nur“ mein eigenes Leben lebe. Aber wie viele Möglichkeiten sind bei mir noch nicht zum Zuge gekommen – wie viele gute Momente soll ich bei mir wohl noch entdecken?

Oft frage ich mich nach Begegnungen dieser Art: was wäre aus meinem Leben geworden, wenn ich zu anderer Zeit, an anderem Ort zur Welt gekommen wäre? Wenn meine Eltern, meine Geschwister andere gewesen wären? Wenn ich nicht in einer starken, lebendigen Glaubenstradition aufgewachsen wäre?
Ich bin sicher, auch mein Glaube hätte eine andere Gestalt angenommen.

Was mir aber wie ein Wunder erscheint, ist doch die Kontinuität und die Allgemeingültigkeit unserer christlichen Glaubensüberlieferung, die so vielen, so unterschiedlichen Menschen etwas zu sagen hat, ja ihnen als Lebensgrundlage taugt. Jeder macht sich seinen Glauben passend – manchmal scheint mir eine solche Adaption beinah zu waghalsig – aber hat nicht Christus, der Gottessohn, *sich* uns adaptiert, sich für uns passend gemacht? um den Preis eines Leidens, das wir in unserem Leben nie werden ermessen können?
Und noch etwas, das mir als ein Wunder erscheint und es sicherlich auch ist: es sind nicht nur wir, die wir uns unseren Glauben „hinbiegen“ – sondern auch wir werden durch unser Schicksal (ein schillerndes Wort, das ich aber nicht ersetzen will) von Gott „zu-recht-gebogen“. Es ist – so glaube ich - eben nicht der blinde Zufall, der uns, unser Leben und unseren Charakter formt. Es ist ein geheimnisvolles Zusammenspiel von Bewusstem und Unbewußtem, von Laufen und Geführtwerden, von Selberwollen und Geschenktbekommen – manchmal gerade dessen, was ich *nicht* will.

Zu erkennen, dass beides zusammengehört – das, was man nicht will, vor allem ja *leiden* – und das, was man ja will: Gott näher kommen – und es nicht intellektuell, sondern existenziell zu erkennen, ist, glaube ich, *die* Glückserfahrung.
Anders gesagt, wir sind Gott immer schon viel näher, als wir meinen. Viel mehr, als wir Glauben leisten können. Denn Gott ist *da, hier, überall, immer schon* – das heißt, auch da, wo wir meinen, dass er („sie") gar nicht sein *kann.*

Diese Geschichten wurden (fast alle) als Morgenandachten im NDR1 gesendet, unter der wunderbaren Überschrift „Himmel und Erde". Daher wurden sie redigiert von unserem „Rundfunkpastor" Jan von Lingen – vielen Dank dafür!

Christine Rüegg-Hermes im Juni 2011

Abends: Frieden

Selbstvergessen thront die alte Dame auf ihrer Bettkante und guckt zum Fernseher. Übermäßiges Wasser in ihrem Körper formt ihre Figur zu einer geradezu prähistorischen Venus. Auch die hochgerutschten Kopfhörer über ihren Locken verleihen ihr einen ungewöhnlichen Charme – sie erinnert mich an eine afrikanische Götterdarstellung.
Dabei kommt sie aus Pommern.

Sie freut sich über meinen unerwarteten Besuch, und wir lernen uns kennen.
Am meisten macht ihr zu schaffen, dass ihr Mann seit einigen Jahren nicht mehr lebt. Mit dem Rollstuhl ist es umständlich, sein Grab zu besuchen. So kommt sie nur noch selten hin.

„Früher waren wir jeden Tag da, meine Tochter und ich. Wir haben ihm immer erzählt, was uns den Tag über zugestoßen ist. Auch unsre Sorgen. Dann waren wir immer ganz erleichtert." Ihre hellblauen Augen füllen sich mit Tränen.

„Wir haben uns so gut verstanden, mein Mann und ich! – Aber dann hat die Familie meines Mannes gesagt: So ein armes Flüchtlingsmädchen, die hat doch *gar nichts*!
Da wollte ich nicht mehr bei meinem Mann bleiben und bin zu meinen Eltern zurück aufs Dorf. Mein Mann wollte mich aber wiederhaben.
Dann, zufällig, musste mein Vater mal Überstunden machen in Celle, bis kein Bus mehr fuhr.
Wenn *das* nicht gekommen wäre!

Er hat bei meinem Mann übernachtet. Und mein Vater und mein Mann haben lange geredet.
Als mein Vater wiederkam, sagte er zu mir: Wenn ihr euch *liebt*, dann kommt ihr auch ohne Geld über die Runden! Ich bin dann wieder zu meinem Mann gegangen.
Das war das Beste, was mir passieren konnte!"

Sie knetet ihre geschwollenen Handgelenke und baumelt ein bisschen mit den Beinen.
Dann vertraut sie mir leise an: „Ich rede in Gedanken noch immer mit meinem Mann, obwohl er vor drei Jahren gestorben ist.
Morgens sag ich ihm *Guten Morgen* und abends *Gute Nacht!*

Wenn wir auch mal gestritten hatten – abends war immer Feierabend.
Wenn man sich ins Bett legt, sagte er, muß Friede sein.
Wenn man morgens aufsteht, und vielleicht passiert auf der Arbeit was – und dann war der Streit das Letzte – nee, das könnte ich nicht verantworten!
Also haben wir abends immer Frieden gehabt."

Die Krankenschwester kommt mit dem Abendbrottablett.
Die alte Dame bedankt sich für meinen Besuch. „Das konnte ich mir mal von der Seele reden!“
Und ich bin sicher, sie findet auch heute abend wieder ihren Frieden.

Nachtigallen

Natürlich singen die Vögel nicht für *uns*!
Ein befreundeter Biologe und leidenschaftlicher Vogelbeobachter ist davon überzeugt. Wir Menschen beziehen alles auf uns – und glauben, die Vögel wollten uns erfreuen. „Dabei“ sagt er, „haben die Vögel ganz schön viel Streß.“
Sie flöten, zwitschern, zetern und rufen, um ihre Reviere anzuzeigen. Das sind auch fast nur die Männchen. Und mit ihren Melodien locken sie die Weibchen an. Die wiederum singen nicht – sie rufen nur mal und halten sich sonst bedeckt. Für die Vögel ist der größte Schatz ihre Brut. Und da wollen sie nicht Diebe und Räuber aufmerksam machen.

Aber die Nachtigallen, sage ich.
Ja, die Nachtigallen, allerdings! gibt er zu.
Wo viele Büsche sind und Wasser in der Nähe, spät nachts ab Mitte April, da kann man Glück haben. Diesen Gesang vergessen Sie nie!

Oft sind es mehrere, die sich gegenseitig zusingen.
Phantasievoll, wehmütig, im Crescendo und wieder abfallend, plätschernd wie klarstes Wasser, wie feinste Perlen, immer wieder neue Melodien. In der Stille der Nacht ein Wunder.

Das Märchen „Die Nachtigall“ von Hans-Christian Andersen spielt im Wald des Kaisers von China, am Meer.
„Große Schiffe konnten unter den Zweigen hinsegeln, und in diesen wohnte eine Nachtigall, die so herrlich sang, dass selbst der arme Fischer, der so viel anderes zu tun hat, stillhielt und horchte, wenn er nachts ausgefahren war, um das Fischnetz aufzuziehen. Ach Gott, wie ist das schön, sagte er, aber dann musste er auf sein Netz achtgeben und vergaß den Vogel.“
Als man die Nachtigall sucht, befragt man auch die kleine Köchin der kaiserlichen Küche. Sie besucht jeden Abend ihre kranke Mutter.
„Wenn ich dann zurück gehe, müde bin und im Walde ausruhe, dann höre ich die Nachtigall singen. Es kommt mir dabei das Wasser in die Augen, und es ist gerade, als ob meine Mutter mich küsste.“

Die kostbare *künstliche* Nachtigall begeistert alle am Hofe des Kaisers – weil man ihre Lieder bald auswendig kann. Die echte Nachtigall kehrt erst wieder, als der

Kaiser todkrank und unbeachtet in seinem Bett liegt. Ihr Gesang am offenen Fenster bringt ihm Heilung.

Ich glaube wirklich, niemand kann sich dem Zauber verschließen, der von dieser Musik ausgeht. Da sind wir – zum Glück – ganz irrational, gefühlsmäßig – und ahnen etwas vom Geheimnis der Schöpfung.

Drillings-Kinder

Ein bisschen erschöpft und nachdenklich sitzt die Patientin auf ihrem Bett. Sie freut sich, dass ich mir einen Stuhl heranrücke.
Mütterlich wirkt sie auf mich und angenehm altmodisch.
Jetzt macht sie es sich auf dem Bett gemütlich, ist ganz da – und schnell bei ihrem Thema.
Zuhause, ja, da wartet jemand auf sie! Ihre Mutter ist fast hundert Jahre alt. Mit Essen auf Rädern kommt sie gut alleine zurecht, und die Enkelin zählt ihr die Tabletten ab. Dann wandern die Gedanken auch zu den Kindern – und tief in die Vergangenheit.

„Drillinge hatte ich, drei kleine Mädchen. Meine erste Schwangerschaft. Die Kleinen sind damals gestorben, im siebten Monat. Vergessen kann ich sie nie.“ Das kommt ganz unsentimental, mit einer nüchternen Innigkeit.
„Immer am Geburts- und Todestag denke ich besonders an sie.“
Und nach kurzem Zögern verrät sie mir:

„Die drei kommen mich manchmal besuchen, im Traum. Sie haben Mäntelchen an, so wie man sie damals hatte für kleine Kinder: grau mit Karostoff abgesetzt. Geredet haben sie noch nie. Sie kommen rein, gucken – und gehen wieder. Ich wüsste gern, was sie mir sagen wollen! Alle drei sind blond.“

„Für Sie ist das tröstlich, diese Begegnung?“ frage ich.
„Ja, das gibt mir Kraft“, lächelt sie. „Oft am Abend, wenn ich sitze und in die Wolken gucke, denke ich: ob sie da wohl irgendwo schweben? – Ich weiß nicht, ob es richtig ist, so zu denken.“
Sie blickt mich klar an. Ist es richtig?

Da sage ich ihr, welches Bild gerade in mir entstanden ist: „Es kommt mir so vor, als hätten Sie in Ihrem Innern einen Raum, den nur Sie kennen. Und da ist etwas ganz Schönes, Tröstliches drin. Es tut Ihnen gut, dort manchmal zu sein.“
Und ich denke: Es ist doch erstaunlich, wie Menschen ihre ganz eigenen, kreativen Wege finden, mit solchen Verlusten zu leben. Ein Trauerraum in ihrer Seele, und der Besuch dort gibt Kraft!

„So ist es wohl“, sie stützt die Hände seitlich aufs Bett und richtet sich auf. „Ich muss immer an das Weihnachtslied denken“ - ein Glanz geht über ihr Gesicht - „zwei Engel treten ein – die sagen auch nichts. Wie meine Drillingsmädchen. Wenn ich von ihnen träume, reden sie nicht, sind aber ganz deutlich da, und schauen mich lange an. Ja, das tut mir gut.“

Kindererziehung

Kinder erziehen - das ist gar nicht so leicht.
Ich rede mit meiner Schwester, und natürlich reden wir über unsere Kinder. Sie sollen ja erwachsen werden, und wir Mütter wollen uns zurückhalten. Wir wollen die Kinder *machen lassen*. Na klar: wir wünschen *uns* natürlich das Beste für die Kinder. Doch was ist das Beste für die *Kinder?*

Der eine Sprößling hat tausend Ideen, möchte am liebsten die ganze Welt umarmen. Der andere ist vielleicht noch etwas ängstlich, zweifelt an sich und kann sich schwer entscheiden. Eine Mutter findet in jedem Fall Grund, sich Sorgen zu machen!
Was wären wir ohne unsere Besorgtheit?

Ach, da muss ich Dir was erzählen, meint meine Schwester.
Ich wollte ja schon immer mal wissen, wie eigentlich Eichhörnchenbabies aussehen! Jetzt nisten Eichhörnchen in unserm Garten.

Gestern kam die Eichhörnchenmuttie mit ihrem Baby den Ahorn runtergeklettert. Das Kleine ist etwa ein Drittel so groß wie die Mutter, winzig und süß, komplett wie´n Eichhörnchen.

Dann hat die Muttie ihm gezeigt, wie man springt. Vom Ast runter auf das Mäuerchen. Ich hab alles aus der Vogelperspektive beobachtet:
Mama springt, Baby hockt noch auf dem Ast. Mama hüpft hoch und runter, aber Baby hat keine Lust!
Da nimmt die Muttie sich das Kind und legt es sich um den Hals, sah aus wie´n Pelzkragen! Und jetzt: Muttie mit Baby springt runter aufs Mäuerchen, wieder hoch auf den Ast, paar Mal, dann setzt sie das Kind oben ab, wartet unten breitbeinig wie Batman – aber Baby springt immer noch nicht!

Endlich hat Muttie die Faxen dicke, schnappt sich wieder ihren Pelzkragen – und verschwindet … wahrscheinlich in die Oper, wie unsre Oma früher, wenn sie den Nerzkragen für besondere Anlässe anlegte, sagt meine Schwester.
Oja, antworte ich: Stell Dir vor, unsere wunderbare dicke Oma mit Nerzkragen auf dem Ahorn-Ast, neben der Eichhörnchenmutti!

Als wir beide ausgelacht haben, sage ich meiner Schwester, welche Idee mir grade kam. Wie Gott sich abmüht mit uns! Und wenn es gar nicht mehr geht, weil wir vor Angst blockiert sind, legt er sich vielleicht auch diesen Pelzkragen um, also: uns – und zeigt uns, wie schön die Welt ist.

So heißt es doch auch in dem Psalm: Mit meinem Gott kann ich über Mauern springen.
Und hinter dem Mäuerchen warten bestimmt noch Überraschungen!

Er kommt uns dann entgegen

Dünn ist er und blaß, fast grau im Gesicht, der Patient mit der halben Lunge. Sein Essenstablett steht vor ihm, er hat nichts angerührt, er mag nicht essen. Aber wenn er spricht, fast flüsternd, mit halber Stimme, leuchten seine Augen ausdrucksvoll und lebhaft.
Fast als sprächen *die Augen* – für die Lunge, die es nicht mehr schafft.

„Wenn mich jemand überfällt, kann ich nicht mal um Hilfe rufen."
Aber seltsam: *zufällig* hätte er sich gerade mit Gott unterhalten – meinem Chef, berichtet er mir augenzwinkernd. Und ich, die Pastorin, bin dann *zufällig* gekommen, denn ich war eigentlich mit seinem Bettnachbarn verabredet. Der ist nun grade nicht da.

Ob da doch ein unhörbarer Ruf gehört wurde?
Der Patient jedenfalls glaubt das.
Und er erzählt mir eine alte, schmerzliche Geschichte.

„Ja, man weiß manchmal nicht, wofür man büßen soll."
Er blickt auf seinen schmächtigen Körper.
„Ich hatte einen Freund, er war mein bester Freund. Der kriegt mit Anfang 30 einen Schlaganfall. Und ich - ich hab ihn nicht besucht! Bin einfach nicht hingegangen, weiß selbst nicht warum.
Wir waren jung, stark, dynamisch ... und dann auf einmal. So ein Krüppel, das konnte ich nicht ansehn.
Seine Mutter ist drüber bisschen" – er wischt sich in der Luft über die Augen – „bisschen *so* geworden, traurig oder verrückt. Und seine Frau hat sich davongemacht. Er tat mir furchtbar leid. Aber ich bin die ganze Zeit nicht bei ihm gewesen. – Was er sich wohl gedacht hat?"

Ich helfe ihm: „Der wird sich gedacht haben" - ich gucke auf das Namensschild an seinem Fußende – „der Fritz, mein bester Freund, wo bleibt der bloß?"

„Genau“, nimmt er den Faden auf, „Fritz, du - ! - wo bleibst du bloß? Ich verstehe selbst nicht, warum ich damals so feige war.“

Was denn aus seinem Freund geworden sei, frage ich.
„Eines Abends im Winter, auf dem Nachhauseweg, da ist er ausgerutscht. Es war glatt, er konnte nicht allein hochkommen. Und keiner hat ihn da liegen sehen. Er ist erfroren. Das war das Schlimmste.“
Wir schweigen für eine Weile.

„Später hab ich seinen Eltern noch beim Haus geholfen, das hab ich ja gelernt.“
„Eine kleine Wiedergutmachung?“ frage ich.
Er nickt.
„Ich glaube nicht,“ sage ich dann, „dass Gott uns bestrafen will. Er liebt uns doch. – So vieles geht uns im Leben verloren, Menschen – die Gesundheit – Orte, Beziehungen... vielleicht gibt es ja jemand, der das alles einsammelt und uns am Ende zurückgibt.“
„Ja,“ sagt der Kranke, „ja: der kommt uns dann entgegen.“

Paradies

Es war im vorigen Sommer.
Ich saß mit einem frisch gekauften Buch in der Sonne, auf einer Holzbank mit Blick aufs Wasser. Vor mir riesige duftende Unkräuter, in meinem Rücken die wilde Wiese. Zartes Rauschen der Blätter von Pappel, Birke, Holunderbusch. Ein kleines Paradies – mitten in unserer Stadt
.
Den Spazierweg entlang knirschen Schritte. Urlauber, meist gutgelaunt, nähern und entfernen sich wieder.
Ein besonderer Rhythmus lässt mich aufmerken. Ich wende mich um.

Als erstes kommt da eine Kinderkarre ohne Kind, geschoben von einer jungen Frau. Sie geht rückwärts. Mit der einen Hand schiebt sie die Karre, ihre freie Hand ist weit ausgestreckt und bewegt sich leicht auf und ab im Takt ihres Gehens.
Und hinter ihr folgt das Mädchen – mit wackeren Schritten.
Sie läuft, die Arme vorgestreckt, zur Mutter hin, ihre Füße berühren nur kurz den Boden, sie federt wie ein Gummiball.
Die beiden lachen sich an, ohne Worte.

Man sieht, die Kleine hat großen Spaß an dem Spiel: die Mutter *nicht* zu erreichen, die eben drei Schritte voraus ist.
Eine starke Verbindung ist in dem Zwischenraum zu spüren, in den paar Metern zwischen Mutter und Kind.

Was für ein Glück, das zu sehen!
So ähnlich habe ich selbst laufen gelernt, und meine Kinder auch. Sie werden es wieder ihren Kindern beibringen – was heißt beibringen: es lernt sich ja fast von selbst!

Aber diese Freude, dies Vertrauen! Das unsichtbare Band zwischen beiden. Was sich widerspiegelt auf dem kleinen Gesicht.
Hingabe, Wonne, der Mutter entgegenzugehen. Die Vorfreude, von ihr in die Arme geschlossen zu werden, und die Lust, weil es eben *noch nicht* so weit ist und *irgendwie doch schon.*

Die Mutter – sie vertraut dem Kind, ist ihm zugewandt. Tanzend lässt sie ihrer Tochter Raum.
Und so lernt das Kind laufen, und dass das Leben eine tiefe Freude ist.

Das möchte ich gern auch wieder lernen, dies schwerelose Laufen, mit ausgestreckten Händen. Wie ein Kind vertrauend, möchte ich dem entgegengehen, von dem ich herstamme, der vor mir geht und mich voller Liebe ansieht.
Wie diese Mutter ihr Kind.

Die Nonne

Wer wird schon heutzutage noch Nonne?
Wir bekommen vielleicht mal eine in der Werbung zu Gesicht. Da macht sie sich dekorativ oder witzig, wie ein Pinguin so schwarzweiß, im langen Gewand.

Ich kenne eine *echte* Nonne.
Wahrscheinlich besitzt sie auch so eine Tracht aus Stoffmassen. Aber zu unseren Treffen erscheint sie immer ganz normal.
Allerdings kleidet sie sich so betont schlicht, dass ich anfangs dachte: Haben wir Frauen *das* nötig? Uns fast unsichtbar zu machen?
Dazu ist sie klein und zierlich, fast mager. Beinah auffallend unauffällig!

Sie ist Seelsorgerin in einem Kinderkrankenhaus.
Je mehr sie von ihrer Arbeit erzählt, je mehr spüre ich ihre Kraft. Sie hat Humor, ist selbstbewusst, wach und den Menschen zugewandt.
Bald ist mir klar: sie weiß genau, was sie tut. Und auch, wie wertvoll das ist, was sie tut.

In diesem katholischen Krankenhaus liegen Kinder mit schlimmen Brandverletzungen.

Einmal nicht aufgepasst, die Mutter – einmal am Topfhenkel gezogen, das quirlige Kleine – und schon ergießt sich kochendes Wasser über den zarten Körper. Heißer als Feuer brennt es. Und wenn die Haut nicht mehr atmen kann, ist das Kind in Lebensgefahr.

Was Schwester Barbara erzählt, sitzt und passt. Dabei strahlt ihr Gesicht – nicht aufgesetzt, sondern von innen!

Sie kommt aus einer kinderreichen Familie im Rheinland. Schon als Mädchen wusste sie, sie wollte Nonne werden. Mit allem, was dazugehört: Gehorsam und Demut.
Ihr Tagesablauf ist streng und eingeteilt. Mit festen Zeiten, in denen sie betet und zur Ruhe kommt.
Sie hat sich verpflichtet, ehe- und kinderlos zu bleiben. Für andere zu leben.

Manchmal sitzt sie stundenlang am Bett eines verbrannten Kindes, dessen Eltern keine Zeit haben – oder es nicht ertragen.
Schwester Barbara erträgt es.
Wie kann sie das?

Sie hat eine andere Vorstellung vom Leben als die meisten.
Und vielleicht ist es ja von Vorteil, wenn mein Lebensmodell mich nicht zwingt, mich *selbst zu verwirklichen.*
Wenn ich nicht um den eigenen Erfolg fürchten muß.

Schwester Barbara ist in der Hinsicht jedenfalls ganz locker.
Das kann sie auch sein. Denn ihr oberster Chef ist mächtig und liebevoll.
Das ist nämlich – Gott!
Ob darin ihr Geheimnis liegt?

Der Rabe

Ich bin entfernt bekannt mit einer Rabenkrähe.

Wenn ich rüberfahre in das kleinere Krankenhaus, um Besuche zu machen, treffe ich sie manchmal. Sie – oder ihn?
Bei der katholischen Kirche biege ich ein und schließe mein Rad an.

Da kommt er schon angeflogen, landet in guter Entfernung, und elegant wippend nähert er sich vorsichtig.
Langsam, um ihn nicht zu erschrecken, packe ich mein Pausenbrot aus der Tasche und werfe ihm einen Brocken davon hin.

Würdevoll hüpft er drauf zu, in seiner blauschwarzen Kutte, nimmt die Spende mit seinem starken Schnabel auf, nicht gierig, eher prüfend, vielleicht ironisch.
Er weiß, dass ich was für ihn übrig habe.

Mir gefällt seine Würde, seine altmodische Höflichkeit. Er fordert oder bettelt nicht, eher übt er einen *Hauch* von moralischem Druck aus.

Darauf laß ich mich aber gern ein, werfe ihm noch und noch einen Brocken entgegen.
Dabei haben wir beide unseren Spaß.
Vielleicht entsteht *so* ein Band zwischen Mensch und Tier? Ganz ohne Worte?

Denn wir wissen beide, wir sind *Ausländer*, keiner spricht des anderen Sprache. Er kommt aus einer anderen Welt. Aber ich ahne, er weiß mehr über mich – als ich!
Vielleicht denkt er von mir das gleiche?

Die Vögel sind Boten zwischen Himmel und Erde. Kein Wunder, dass sie auch in der Bibel auftauchen.
Der Adler, der seine Jungen auf den Schwingen trägt; die Henne, die ihre Küken unter ihren Flügeln versammelt: sie werden zu Bildern für Gott.
Am berühmtesten vielleicht die Taube, die unschuldige weiße, Friedensbotschaft vom Himmel für die Erde.

Aber der Rabenschwarze gefällt mir noch besser!
Als der Prophet Elia fliehen muß, verbirgt er sich an einem Bach. Die Raben bringen ihm Brot und Fleisch. Sie sind klug: sie verstehen, dass Elia überleben muß. Er ist ja die Stimme Gottes unter den Menschen.

Der geheimnisvolle Vogel des Propheten hat auch uns etwas zu bringen. Er sagt uns: Iß! – damit du am Leben bleibst. Er bringt Brot und Fleisch.
Er erinnert dich daran, wie wichtig dein *Körper* ist.

Und jetzt gebe *ich* dem Raben von *meinem* Brot. Mit Würde nimmt er es entgegen.
Sein schwarz schillerndes Kleid erzählt mir:
Du selbst bist ein Wunder Gottes.

Der Täter

Selber kenne ich ihn nicht. Aber ein Kollege von mir, ein Dorfpastor, hat ihn getroffen. Von ihm kenne ich die zweite, die unbekannte Hälfte der Geschichte des jugendlichen Täters.
Die eine Hälfte konnte man in der Zeitung lesen.

Zehn Jahre ist es her, da saßen in einem Heidedorf zwei rechtsradikale Jugendliche mit einem älteren Bekannten zusammen und tranken Alkohol. Der Ältere war ein aus der Bahn Geratener, der mit seinen Rastalocken zwar auffiel, aber niemandem etwas tat.
Spät abends trennte man sich mit besoffenen Köpfen.

Noch später kamen die beiden 17-Jährigen zurück, traten dem Bekannten die Tür ein und überfielen ihn im Schlaf. Sie wollten ihm eine „Abreibung verpassen".
Aber er überlebte die Misshandlungen nicht.
Die beiden wurden verurteilt und kamen ins Jugendgefängnis.

Und jetzt kommt die unbekannte Hälfte.
Der Dorfpastor beerdigte damals das Opfer. Er redete aber auch mit den Eltern des einen Täters.

Dieser junge Täter traf gegen Ende seiner Haftzeit auf Christen aus der Baptistenkirche, und diese Begegnung veränderte ihn. Sein Denken, seine Einstellung zu Menschen – und zu sich selbst. Nach der Haft blieb er bei der Gemeinde und begann ein Theologiestudium.
Denn er will Pastor werden.

Er weiß allerdings, nicht jede der frommen Gemeinden wird ihn haben wollen. Weil er einen Menschen umgebracht hat.

Seine Eltern waren über die Tat entsetzt. Aber er blieb doch ihr Sohn. Sie hielten zu ihm. Und sicher haben sie für ihn gebetet.
Heute sind sie heilfroh, dass er seine Tat bereut. Und das tut er – gerade *weil* er sie nicht ungeschehen machen kann.

Neulich hat mein Mitpastor diesen Studenten getroffen.
Anfangs war ihm etwas mulmig, meinte mein Kollege. Sicher würde er diesen Menschen nicht gleich umarmen, nur weil der aus der rechten Szene aus- und in die Kirche eingestiegen ist.

Aber dann saß er neben ihm, in der Dorfkirche. Die beiden redeten miteinander, und der Ältere gewann den Eindruck, dass die Umkehr des jungen Mannes echt ist.

Wer kann schon in einen anderen Menschen hineingucken?

Wer kennt schon sein *eigenes* Herz?

Ob der junge Mann wirklich Pastor werden kann? - in unserer Kirche jedenfalls nicht. Aber ich bin mir sicher: wenn er Gottes verwandelnde Gnade preist, dann wird er wissen, wovon er redet.
Denn er hat die Vergebung an sich selber erfahren.

Krone

Neulich hatte ich ein seltsames Erlebnis.
Lachen Sie mich nicht gleich aus, warten Sie noch!
Ich saß in der Kirche, in der oberen Etage, und fühlte mich gerade ziemlich mickrig.
Vielleicht muß man weiter oben sitzen, wenn es einem schlecht geht?
Egal, ich fühlte mich jedenfalls schon wieder ein kleines bisschen besser.

Es war ein Spätgottesdienst, der Kirchenraum abgedunkelt, nur links aus dem Altarraum kam Licht. Wegen der schrägen Beleuchtung, und weil ich oben saß, sah ich auf einmal etwas, was ich vorher nie *so* gesehen hatte.

Über der Kanzel, zu der schon ein paar Stufen hochführen, ist so eine Art Holzdeckel.
Schön mit geschnitzten Verzierungen, grau und golden bemalt.
Und über diesem Holzdeckel, der dafür sorgen soll, dass die Worte des Pastors nicht verfliegen, sah ich die Krone.
Wie eine große, stolze Erntekrone, mit Blüten und vielen kleinen Früchten, alles aus Holz geschnitzt und vergoldet. Das Spiel von Licht und Schatten zwischendrin.

Ich musste schmunzeln, als ich mir vorstellte: der Pastor steht gleich dort oben und hat diese Krone auf und merkt es nicht. Ein bisschen wie im Fasching, wo die Kinder sich gern als Könige verkleiden oder als Prinzessinnen.

Eigentlich schön. Und eigentlich gar nicht lächerlich. Vielleicht ist es wirklich so: der steht da oben, und *wir* sehen, dass er eine Krone trägt.
Er selber weiß nicht, dass wir ihn mit einer Krone sehen!

Und umgekehrt? Wie sieht er uns?
Wer weiß, ob ich nicht auch eine Krone trage, von der ich nichts weiß!

Und gleich fiel mir ein – wie von oben runter in mein Herz fiel es mir ein:
Der dich krönt mit Gnade und Barmherzigkeit!
Lobe den Herrn, meine Seele!

Der dich krönt – das ist Gott, der uns eine Krone gibt. Die tragen wir, auch wenn wir es nicht wissen. Oder wieder vergessen haben. Eine Krone aus Gnade und Barmherzigkeit!

Auch die anderen Menschen tragen eine Krone. Wir alle sind Königskinder, Prinzen, Prinzessinnen!

Eine goldene Krone mit Früchten aus dem Paradies. Gold wie das Geschenk des einen Heiligen Dreikönigs. Wie das Urlicht vom Anfang der Schöpfung, aus dem alles irdische Licht genommen ist.
Gold mit dem Feuer der Verheißung: Ihr seid Königskinder – und ihr werdet es sehen, alle werden es sehen!

Und jetzt dürfen Sie lachen!
Finden Sie das komisch? Oder freuen Sie sich auch so wie ich?

Gefallenes Mädchen

Der alte Mann mit der neuen Hüfte übte das Laufen. So traf ich ihn vor unserer Kapelle im Krankenhaus. Wir kannten uns vom Gottesdienst und waren sofort im Gespräch.
Als hätte er einen Worte-Brunnen in seinem Inneren, sprudelt es nur so aus ihm heraus. Ich werde unsicher, ob er wirklich so lange auf dem Gang stehen will, gestützt auf seinen Stock.

„Aber zum Thema Christlichkeit!" knüpft er unbekümmert wieder an.

„Meine Urgroßmutter ist 1835 geboren. Sie wurde von Ludwig Harms konfirmiert" – er zwinkert mir zu, ob ich auf den Namen reagiere, klar, die Brüder Harms, Pastoren, die haben den Heiden in der Lüneburger Heide das Christentum beigebracht…
„- nach der Konfirmation kam sie zu einem Bauern, zum Arbeiten. Da wurde sie ein *gefallenes Mädchen* – kennen Sie den Ausdruck? Ja, so sagte man damals. Sie wurde von dem Bauern schwanger.

Das war eine Schande! Sie wurde von dort weggejagt – mitten im kalten Januar. Sie schleppte sich zum Haus ihrer Eltern, da wollte sie bleiben, bis das Kind zur Welt gekommen war.

Aber ihre Eltern, die waren *so christlich…!*"- hier flackert Zorn in seinen Augen auf und Empörung in seiner Stimme – „die waren so christlich, die haben sie wieder vor die Tür gesetzt.

So was in unserm christlichen Hause! - das wollten sie nicht haben. -
Da ist sie zu ihrer Tante gegangen, bis zu einem weit entfernten Dorf, der ganze Weg und sie - mit ihrem schweren Bauch!
Die liebe gute Tante hat sie aufgenommen. Und das Kind, das sie zur Welt brachte, war mein Großvater!“
Das sagt er mit Stolz und Anerkennung.

„Wissen Sie, früher, die gefallenen Mädchen, wenn die zur Kirche kamen, zur Hochzeit: da hat der Pastor im Vorraum der Braut den Schleier und den Kranz zerrissen! Geläutet wurde auch nicht – nur die kleine Bimmelglocke. Strafe muß sein! Das war doch furchtbar.
Nein, da hat die Kirche großen Schaden angerichtet.“
„Aber *Sie* können es ja heute in Ihrer Kirche aushalten!“ werfe ich ein.
Da lächelt er.

„Wenn ich meinen Glauben nicht hätte … nein, da wär aus mir nichts geworden! Ich hab viel harte Arbeit gehabt mein Leben lang. Immer die Landwirtschaft! Aber ich habe es gern gemacht. Ich wusste bei allem, Gott steht mir bei.
So haben wir viel Segen erfahren, die ganze Familie. Natürlich, man wird älter und kriegt dies und das. Aber es geht uns gut.
Gott sei Dank!“

Wie dieser Mann das sagt, höre ich: das ist nicht nur ein Spruch. Das ist ein Gebet.

Ein Deutscher

Ich wusste, er war Anfang 70 und lag nach einem Herzinfarkt auf der Intensivstation.
Dann stand ich an seinem Bett und wunderte mich.
Der Mann wirkte viel jünger, war gebräunt und schien durchtrainiert, irgendwie der falsche Patient für diesen Ort…
Ein bisschen musste er wohl seinen Stolz überwinden. Aber dann akzeptierte er meinen Besuch und erzählte gern.

Gelernt hatte er Kranfahrer, mit 65 ist er in Rente gegangen. Aber von Ruhestand keine Rede.

„Ach, das Arbeiten macht mir Spaß! Was ich heute tun kann, das tu ich auch heute. Es ist ja immer was zu tun am Haus. Ich war grade am Isolieren …“

Geboren in der Ukraine, wurde er mit seiner Familie nach Polen geschickt, als der Krieg begann.

„Als ich dreizehn war, hab ich schon die volle Arbeit gemacht. Heu mähen und stapeln, Trecker fahren … Meinen Vater haben sie uns weggenommen, er musste in den Krieg. Da war meine Mutter allein mit uns Kindern. Und mit ihrer Schwester und deren Kindern.
Meine Schwester wollte nach der Schule noch was lernen – aber das ging dann nicht mehr. Sie wollte nicht ihr ganzes Leben lang in der Landwirtschaft arbeiten, wissen Sie, das ist schwer…
1945 wurden wir nach Kasachstan geschickt. Das ging ja noch. Aber zwei Jahre später gab es eine Hungersnot. Nichts wuchs, es gab nichts zu essen, wir hatten nichts…"

Er wendet sein Gesicht ab, damit ich ihn nicht weinen sehe. Das Schluchzen schüttelt ihn. Doch bald hat er sich wieder gefasst und sagt, „Entschuldigen Sie".

Ich schüttele den Kopf. „Sie haben viel ertragen müssen. Sie sind sehr stark."
Er schneuzt sich und erzählt: „Wir kamen 1992 nach Deutschland…"

Ich unterbreche ihn. „Haben Sie deutsche Vorfahren?"
Die Frage versteht er nicht.
„Ich *bin deutsch.* Ich habe einen deutschen Namen. Meine Eltern – Großeltern – alle waren deutsch!
Meine Frau ist ein paar Jahre jünger als ich, es geht ihr nicht mehr so gut. Sie hat das meiste von dem auch selbst erlebt. – Jetzt wohnen wir hier, unsere Tochter auch, sie ist sehr tüchtig. Es geht uns gut!"
Er richtet sich auf.
„Ich will wieder gesund werden – ich muß! Wer soll das Haus in Ordnung bringen und alles schön machen?"

Ja, ein Haus braucht man auf der Welt, denke ich, - ein eigenes. Damit man in Frieden leben kann. Und schön soll es sein!
Eigentlich sollte jeder Mensch sein Haus haben, seinen Platz auf der Welt. Unbedroht und unvertrieben. Willkommen unter den anderen Menschen.

Ein wenig wundere ich mich über mich selbst, hier neben dem Bett auf der Intensivstation. Stolz bin ich, dass jemand mit solch einer Geschichte schließlich in unserm Land eine Heimat findet. Nach so einem Lebenslauf – Geborgenheit.

Das wünsche ich ihm: dass er wieder gesund wird.
Und in Gedanken wünsche ich: für alle Menschen ein schönes Zuhause!

Schätze zu vergeben

Ihre knotigen Hände erzählen von einem arbeitsreichen Leben.
Ich sitze neben der Patientin und frage, wie es ihr geht.

Seit dem Tod des Mannes vor Jahren tut ihr alles weh, erzählt sie.
Ob sie Kinder hat, frage ich.
Ja, auch Enkel. Aber die wollen immer Geld von ihr haben. Die Kleinen denken sich nicht viel dabei.
Natürlich gibt sie immer gern was. Aber eigentlich hat sie das Gefühl, sie hätte selbst gar nichts zu geben, mal abgesehen von Geld. Sie fühlt sich wertlos, alt.

Ich sitze ganz nah bei ihr, und wir machen uns in Gedanken gemeinsam auf die Suche nach den Dingen, die ihr im Leben wichtig sind.
Was sie wirklich froh macht, woran sie Spaß hat.

Da ist das eigene Heim. Sie hat immer Freude daran gehabt, die Wohnung zu schmücken. Als ihr Mann noch lebte, hat sie sich gern auch für ihn schön zurecht gemacht.
Lächelnd guckt die alte Dame zu dem Blumenstrauß auf ihrem Nachttisch. Den hat die Tochter gebracht. Inzwischen ist er von liebevoll arrangierten Kleinigkeiten umgeben, und Fotos der Enkel lehnen an der Vase.

„Der Kleine da" - sie zeigt auf das Bild -, „der ist vier. Ich frage, was willst du mal werden? Er sagt: Pirat! – Ich frage: Warum? Da sagt er, „Ich will doch alle meine Sachen in Ordnung halten!" Sie lacht. „Er ist zu drollig!"
„Na klar", sage ich und muß schmunzeln, „alle die Schätze, die er von anderen Schiffen geraubt hat, die muß er schön in Ordnung halten!
Die Ordnungsliebe hat er vielleicht von Ihnen, von seiner Oma... Und – Sie haben bestimmt manche Schätze zu vergeben!"
„Ja!" stimmt sie mir zu. „Manchmal hat man auch was Gutes zu geben – nicht nur Geld! Ich wünschte mir nur ...", sie sucht die passenden Worte, „etwas mehr Wärme! Ja, das wünsche ich mir."
Das sagt sie so verschämt, als dürfe sie es überhaupt nicht denken, geschweige denn aussprechen.

„Was man sich wünscht", denke ich laut weiter, „das gehört doch zu einem... das ist doch wichtig! Wärme ist wichtig. Ohne Wärme kann man gar nicht leben. Auch Sie nicht!"

„Ach, das tut so gut, sich mal auszusprechen!" bedankt sie sich.
Zum Abschied wünsche ich ihr, dass sie bald wieder in ihren eigenen vier Wänden ist. Und dass der Wärmeaustausch in ihrer Familie in Schwung kommt. Denn schließlich hat sie selber auch viel Gutes zu geben!

„Ach, ich habe aber auch was Gutes zu erzählen!“ fällt ihr noch ein. „Meine Tochter kommt mich besuchen! Mit ihrer Tochter kommt sie.“
Und Freudentränen schießen ihr in die Augen.

Ein Handel

„Ich bin schon in der Kapelle gewesen, hier im Krankenhaus!“, so eröffnet der Patient das Gespräch.
„Es ist sehr schön dort. Ich sitze gern in Kirchen. Man kann da so gut zur Ruhe kommen.“

Wir nehmen Sprudelflasche und Glas mit und gehen aus dem Krankenzimmer zur Sitzecke der Station. Dort löst ein anderer Patient schon Kreuzworträtsel.

Mein Gegenüber ist ein Wissenschaftler im Ruhestand.
In allen möglichen Ländern hat er geforscht und Vorträge gehalten, sogar in verschiedenen Sprachen. Nun wartet er hier auf seine Verlegung nach Hannover. Dort soll er in wenigen Tagen operiert werden – ein etwas riskanter Eingriff.

Er spricht mit einem leichten, netten Akzent. Ich traue mich, danach zu fragen.

„Ich stamme eigentlich aus Oberschlesien“, erklärt er.
Und als hätte er auf sein eigenes Stichwort gewartet, holt er nun weiter aus.

„Mein Vater war vermisst. – Sie werden das vielleicht nicht wissen, aber es gab dort keine Vertreibung.
Allerdings, nach dem Krieg demontierten die Russen alle Fabriken und nahmen alles mit, was nicht niet- und nagelfest war.
Die oberschlesischen Männer mussten auch mit, als Arbeitskräfte. Nur 14 Prozent von ihnen kamen zurück.“
Er nimmt einen Schluck Wasser aus seinem Glas. Lächelnd sagt er: „Ich muß viel trinken.“ Und erzählt weiter.

„Als kleiner Junge ging ich am Gedenktag für die Toten immer auf den Friedhof. Dort habe ich unterm Kreuz eine Kerze angezündet. Für meinen Vater.
Die Frauen der verschollenen Männer durften wieder heiraten. Man glaubte, die Verschollenen seien sowieso tot.
Meine Tante hat das so gemacht, sie hat wieder geheiratet.
Aber meine Mutter hatte einen starken Glauben. Sie hat immer gedacht, mein Vater kommt zurück.“
„Und – ist er wiedergekommen?“ frage ich.
„Er ist wiedergekommen. Nach sieben Jahren.“

Gemeinsam schweigen wir einem Moment.

Dann fragt er mich: „Drücken Sie mir die Daumen für meine Operation?“
„Gerne! Und ich zünde eine Kerze an, in der Kapelle – für Sie!“

Als wir schon vor seiner Zimmertür stehen, schlägt er mir eine Art Handel vor..
„Machen wir einen Kompromiß,“ sagt er. „Ich bete für Sie – dass Sie Kraft für Ihre Aufgabe haben. Und Sie – denken Sie am Freitag an mich?“
Ich drücke ihm fest die Hand und verspreche es ihm. „Auf jeden Fall denke ich an Sie. Aber – ich bete auch für Sie!“

Der Mandelbaum

Mitten im November brachen die Blüten aus seinen Zweigen. Auf einmal stand der kleine Mandelbaum in seiner vollen, zerbrechlichen Pracht.
Wie ein Geschenk war das! Mitten im – gefühlten – Winter! Ein kleines Naturwunder!

Wenn ich aus dem Bürofenster hinaussehe in den Krankenhauspark, ist dort der winzige Innenhof. In diesem Hof steht ein Mandelbäumchen.
Es hat Platz zum Wachsen und ist groß genug, dass die schräge Wintersonne seine Krone streicheln kann.
Und das tat sie! Das hatte sie so beharrlich getan, dass ihr klares Licht nun hinter den zartrosa Blüten stand und sie zum Leuchten brachte.

Wenn ich ein Mandelbäumchen wär und so einen geschützten Platz hätte, würde ich auch nach Kräften blühen. Und sei´s mitten im November.
Gerade jetzt brauchen die Menschen eine Ermutigung, eine Tröstung. Und im Krankenhaus erst recht. Da ist so ein Anblick Balsam für die Seele.

Während ich das Bäumchen betrachtete, fiel mir etwas ein, was ich gehört hatte über diesen Baum.

In der jüdischen Überlieferung ist der Mandelbaum der Baum des Trösters, des Erlösers. Warum?
Seine Frucht ist hart, schwer zu knacken.

Von außen sieht man nicht, was drinsteckt: das Eigentliche, das Wesentliche ist verborgen. Es wartet als Überraschung, als Geschenk auf uns.
Nur wer die harte Schale knackt, entdeckt den Kern – und der ist süß…

Und wer sagt eigentlich dem Mandelbaum, er solle *vor* allen anderen Bäumen blühen?
Er tut es jedenfalls.

Der süße Kern in der steinharten Schale und das frühe Aufblühen – die machen den Mandelbaum zu einem Symbol für den Erlöser, den Tröster.

Vielleicht wissen wir noch gar nicht, was uns fehlt – aber Gott ist schon da und sorgt für uns.
Wir haben noch keinen Namen für unseren Schmerz – aber Gott hat schon das Heilmittel bereit.

Noch sehen wir nichts, noch ist es dunkel. Doch wir sollen nicht nachlassen in der Sehnsucht nach dem Licht.

Die Sehnsucht, ja.
Vielleicht ist sie unsere innere Stimme. Sie sagt uns: Der Erlöser ist schon unterwegs.

Der den Bäumen Kraft zum Blühen gibt – sollte der nicht auch in uns etwas zum Blühen bringen?

Findelkind

Mitten auf dem Flur, vor den Fahrstühlen, stand er und guckte hoch.
Die Wegweiser dort zeigen ein Dutzend verschiedene Stationen an, damit man sich im Krankenhaus zurechtfindet.

Der rüstige alte Mann in der wetterfesten Jacke wirkte etwas verloren.
Haben Sie sich verlaufen? – fragte ich ihn.
„Ja – na – ich muß zurück auf mein Zimmer. Aber ich werde sowieso übermorgen entlassen“, versuchte er seine Lage zu erklären. Ich bot meine Hilfe an, und wir fanden heraus, wo er hingehörte.

„Ich bin ein Findelkind!“ strahlte er mich an, und schon wieder blieben wir mitten auf dem Gang stehen.
„Ein Findelkind? Weil ich Sie hier gefunden habe?“ lachte ich.
„Nein, nein“ antwortete er ganz ernst. „Ich bin hier – in *dieser Stadt* – im Waisenhaus abgegeben worden.“ Dabei stieß er mit dem Finger in Richtung Boden.
Und dann erzählte er mir mit jedem Schritt ein Stück mehr von seiner Geschichte.

„Das war vor 87 Jahren! Meine Eltern habe ich nie gekannt.

Meine Mutter konnte mich nicht behalten, weil mein Vater mit einer anderen Frau verheiratet war. So war das früher. Eine Schande war ich. –

Im Waisenhaus war es schlimm. Die frommen Frauen haben sich zwar Mühe gegeben. Aber es gab nichts zu essen, Schmalhans war Küchenmeister!
Da war ich froh, als ich ´33 in die Lehre kam, als Maler. Aber der Lehrherr war so geizig! Kost und Logis, das wären mehr als genug für mich. Einmal habe ich 50 Pfennig bekommen, da kam er sich großartig vor. –
Doch die Lehre hatte ich – und ich war gut!
Dann kam der Krieg, ich wurde Soldat. Ich dachte, nutze deine Chance…"
Schrittweise und mit Pausen näherten wir uns seiner Station.

„In Leningrad, heute Petersburg, waren wir und froren. Meine Kameraden sind alle umgekommen, einer nach dem andern. Ich als einziger habe überlebt!"

Seine wachen Augen ließen mich nicht los. Auch nicht, als wir die Tür zu seiner Station öffneten.
„Aber das Happy-end kommt erst noch!"

Und er erzählte von seinem Glück bei der Arbeit, von dem Glück mit seiner Frau und dem Glück mit Kindern und Enkeln.

„Jetzt wohnen wir alleine. Das Haus ist viel zu groß für uns. Wenn die Kinder und Enkel da sind, ist es erst richtig voll!
Ja, ich habe viel Glück gehabt in meinem Leben. Erst – gar keine Familie, und jetzt – diese große Familie. Das ist doch ein Wunder – oder?"

Schon gewusst

Meine kurdische Freundin arbeitet ehrenamtlich im Krankenhaus. Sie besucht kurdische und türkische Patienten – meistens Frauen.
Einer Frau, die aussieht wie sie, die außer deutsch noch türkisch und kurdisch spricht, der vertrauen sie sich lieber an.

Hinter dem großzügigen Lächeln meiner Freundin steckt viel Sachkenntnis, aber noch viel mehr Lebenserfahrung.
Und ganz am Grund – Güte, Menschenliebe und ihr Glaube an den Gott, der *alle* Menschen erschaffen hat.

Neulich kam sie erschöpft von einem Besuch zurück in unser helles Büro.

Du, ich hab jetzt ein ganz langes Gespräch gehabt. Stell dir vor, den Mann kannte ich!
Er hat in unserm Nachbardorf gewohnt, früher, in der Türkei. Als ich noch ein kleines Mädchen war. Er kannte auch meinen Großvater.

Du, mein Großvater hatte einmal Streit um ein Grundstück.
Ein Nachbar, der Türke war, wollte das Land meines Großvaters haben. Da hat er Streit angefangen.
Kurden und Türken – du weißt schon – eine schlimme Geschichte!

Mein Großvater ist dann in die Stadt gegangen, zum Rechtsanwalt. Meine Großmutter sagte, nimm das Auto! Aber er wollte zu Fuß gehen.

Unterwegs hielt bei ihm ein Auto an – das haben wir später rausgefunden. Die Leute haben gesagt: Komm, wir nehmen dich mit!
Erst wollte er nicht. Dann ist er doch eingestiegen.

Unterwegs haben sie ihn bei voller Fahrt aus dem Auto rausgeschmissen.
Später kamen Leute zu meinem Vater und sagten, du, dein Vater ist umgebracht worden.
Ich weiß noch, wie alle geweint haben, ich weiß es noch wie heute.
Ich war noch klein, aber ich habe genau gemerkt, hier geschieht etwas Schlimmes!

Der Mann, mit dem ich geredet habe, hat das damals alles gewusst.
Aber sie sind bedroht worden, man durfte nichts sagen. Alle wussten es, und keiner hat was gesagt.
Und vorhin hat er es mir erzählt.
Darum habe ich so lange gebraucht.

Und du? fragte ich. Wie war das für dich, als er dir das erzählte?

Meine Freundin lächelt ihr breites kurdisches Lächeln und sagt, als wäre es das Normalste von der Welt:
Aber ich habe das doch schon gewusst!

Wieviel Liebe braucht der Mensch?

Die alte Dame thront in ihrem Bett. Das Sonnenlicht fängt sich in ihrem Haar, sie wirkt wie eine Prinzessin mit Glorienschein.

Aber sie hat keine Geduld mehr. Ihre Krankheit zwingt sie von einer Operation zur nächsten.
„Gott hat mich verlassen", klagt sie, „aber ich bete jeden Tag zu ihm."

Ihr krankes Bein bringt sie um ihre Bewegungsfreiheit.
Früher ist sie viel gereist. Jetzt sehnt sie sich nach ihrer schönen Wohnung, die langsam zu einem Wunschtraum wird.
Ach, könnte sie doch wieder nach Hause!

Die alte Dame war das einzige Kind ihrer Eltern.
„Meine Mutter verwöhnte mich. Aber sie war auch streng! Und ich – ich war ein schlimmes Kind!" verrät sie mir augenzwinkernd.
Der Krieg – die Russen – die Flucht aus Ostpreußen – das alles brach mit roher Gewalt in ihre behütete Welt.

Und nun, sechzig Jahre später, liegt sie wie mit unsichtbaren Stricken gebunden. Was sie noch kann, ist telefonieren mit den wenigen Menschen, die sie hat.
Und: ihr Bein über die Bettkante hängen. Aber das ist ihr streng verboten worden.

Sie tut mir leid, und ich frage mich, wer denn wohl ihre große Traurigkeit aufnehmen und verwandeln könnte.
Ist es überhaupt denkbar, dass es so jemand gibt?

Wieviel Liebe braucht der Mensch!

Manchmal wird uns schmerzlich bewusst, dass wir unsere Grenzen haben – im Krankenhaus, in der Pflege; auch als Eltern, als Eheleute.
Oft suchen wir nach Liebe – und bleiben einander Liebe schuldig. Wir sind sozusagen „erschöpflich".
Aber ich glaube, dass Gottes Liebe grenzenlos und unerschöpflich ist.

Wenn wir uns überfordert fühlen: Gott wird Mittel und Wege finden, seine Menschen zu trösten. „Wie einen seine Mutter tröstet", sagt die Bibel, damit wir uns das vorstellen können.

„Was würde Ihre Mutter sagen, wenn sie Sie jetzt sehen könnte?" frage ich die Patientin.
Die Weißhaarige scheint einen Augenblick in eine andere Sphäre zu tauchen. Kopfschüttelnd flüstert sie: "Meine Mutter – sie wäre untröstlich. Trostlos – trostlos."

Und es dauert einen Moment, dann hellt sich ihr Gesicht auf. Sie sieht mich fest an. „Nein!“ sagt sie. „Sie würde mich trösten.“

Zeit ohne Zeiger

Eigentlich hatte es so kommen müssen! Als ich den Berg runteradelte, zu meiner Arbeit, genau auf die große Parkplatz-Uhr zu, waren ihre Zeiger ab!
Das Zifferblatt war stumm, sozusagen.

Klar, die ganzen Wochen vorher schon hatte sie die Zeit falsch angezeigt. Am frühen Vormittag hieß es beispielsweise fünf vor halb eins, am späten Nachmittag viertel vor neun.
Manchmal hatte die große Uhr mir deshalb schon einen Schrecken eingejagt.

Auf was soll man sich verlassen, wenn die Zeit auf einmal wegrutscht? Ich war deshalb ein bisschen sauer auf die Uhr.
Und darum kam jetzt Schadenfreude auf.

Das hat sie nun davon, dachte ich, dass sie die eigenen Zeiger so unbarmherzig scheucht und die Menschen so hetzt. Jetzt ist ihr das Zepter abgefallen, und den Spott hat sie obendrein. So lächerlich wie sie aussieht. Eine Uhr ohne Zeiger!

Als ich gegen Abend wieder hochfuhr, nach Hause, warf ich noch einen Blick auf sie. Und da zwinkerte mir das zeigerlose Zifferblatt selbstironisch zu. Es war, als hörte ich die Stimme der großen Uhr. Als wollte sie mir etwas mitteilen.

„Gib *mir* doch nicht die Verantwortung, wenn *du* mit deiner Zeit nicht zurechtkommst! Paß doch selbst auf deine Zeit auf.
In jedem Moment deines Lebens bist du frei! Laß dir dein Leben nicht stehlen – es ist ein großes Geschenk!“ So meinte ich zu hören. Und weiter:

„Du selbst verfüge über deine Zeit! Und behandle sie gut. Laß sie nicht zerhackt werden durch den Takt der Minuten und Stunden. Du siehst ja, auch Zeiger können abfallen. Wie gestürzte Tyrannen … Tot, und da liegen sie!
Ich, ich bin nicht wirklich mächtig. Ich bin nur wie ein Messbecher, den ihr gebraucht.“

Inzwischen ist die große Uhr repariert. Nach einigen Eingewöhnungsversuchen zeigt sie sogar die korrekte Zeit an.
Aber ich weiß, sie tut es nur zur Tarnung!
Die Uhr und ich – wir verstehen uns!

Ich habe ihr erlaubt, mich zu erinnern, immer wenn ich auf sie zu fahre:

„Und wenn du meinst, die Zeit zerfließe dir zwischen den Fingern – fürchte dich nicht! Der die Zeit geschaffen hat, hat auch dich gemacht. Vertraue ihm, und er wird deine Zeit segnen."

Bahnfahrt

Ich sitze in der Bahn.
Schräg gegenüber, am Vierertisch, ein älterer Herr mit Vollbart und gemütlichem Bauch. Er blättert wie ich in einem Buch.
Ein jüngerer kommt schnaufend mit Rucksack und Koffer, fragt den Älteren, ob er – dürfe -, und setzt sich ihm gegenüber.

Ich vertiefe mich in mein Buch über Seelsorge. Ohne Sympathie ist kein echtes Seelsorge-Gespräch möglich, lese ich gerade.

Währenddessen kommen die beiden da drüben miteinander ins Reden. Und sie scheinen sich sympathisch zu sein.

Ob er ihm gute, spannende Bücher für Jugendliche empfehlen könnte? fragt der Rundliche sein sportlich wirkendes Gegenüber. Die Kinder heute hätten ja nur Computerspiele im Kopf.
Nee, meint der Jüngere mit leichtem Thüringer Akzent, im Moment kann ich gar nicht lesen! „Das liegt an meinen Augen. Ich war im Krankenhaus. ʹNe wirklich ernste Sache. Sehn Sie, ich muß jetzt ganz gesund leben!"

Der andere hat einen neuen Ton in der Stimme: „Und wie machen Sie das?"

„Wie ich jetzt lebe?" nimmt der Sportliche den Ball auf. – „Ich hab mein ganzes Leben umgekrempelt! Das isses mir wert. Viel Bewegung. Gesund essen."

Jetzt lese ich gerade in meinem Buch, wie wichtig es ist, im Seelsorgegespräch keine Ratschläge zu geben. Weil dann die Offenheit verlorengeht.
Meinen Mitreisenden ist das aber ganz egal!

„Und Sie!" – jetzt beugt sich der Drahtige zu seinem Gegenüber – „Sie sollten weniger essen! Und viel Wasser trinken!"
„Naja", meint der ältere Herr, „ich trink mal gern ʹnen Wein oder zwei…"

„Ich sag Ihnen!“ verrät der andere eifrig, „das ist der sicherste Weg, nicht mehr lange zu leben. Ich hab dreißig Jahre lang jeden Tag so meine sechs – sieben – acht Flaschen Bier getrunken. War auch gar nicht besoffen. Hab nur gut geschlafen.
Aber vor vier Monaten – hats geknallt! Gehirnblutung! Intensivstation. Nichts sehen konnt ich. Nicht atmen. Ich sag Ihnen. Und dann liegen Sie da…“

„Ja aber“ – staunt der andere – „und jetzt?“

„Mir geht's richtig gut jetzt. Die Augen werden auch wieder – das dauert eben. Da bin ich zuversichtlich. Und ich trinke nichts! Außer Wasser.“

Mit bleicher Stimme wendet der Ältere ein: „Aber man hat doch dann – so ´ne innere Leere?“
„Ich brauch das nicht mehr“, meint der Jüngere. „Ich mag das nicht mehr. Wenn man mal so was erlebt hat – glauben Sie!“

Wie war das? Man darf keine Ratschläge geben?
Ich finde eher, die Wirklichkeit hält sich an keine Theorie!

Sie lacht gerne

„Das darf ich Ihnen gar nich erzählen, wie viel Kinder ich habe!“
Die Patientin lächelt verschmitzt. Sie ist deutlich im Oma-Alter, das meiste ihrer sichtbaren Haut ist ein großer blauer Fleck. Das kommt von dem Sturz zu Hause.
„Den Arm habe ich mir dabei fast abgebrochen“, sagt sie.

„Acht Kinder hab ich!“ strahlt sie mich an. Und sie freut sich über das Staunen auf meinem Gesicht.
„Alle haben was Gutes gelernt. Und wir halten alle zusammen.“

Wie es eigentlich kommt, dass sie so ein fröhlicher Mensch ist, weiß sie nicht. Schlimme Zeiten gab´s genug in ihrem Leben.

„Mein Vater ist jung gestorben“, erzählt sie. „Er war verletzt aus dem Krieg gekommen – Munddurchschuß. Er konnte kaum was essen, und davon ist er krank geworden. Da saß meine Mutter mit fünf Kindern.

Ich hab mit elf schon geschrubbt und gekehrt. Meine Mutter ist putzen gegangen, sie musste uns ja alle durchfüttern.
Wenn ´ne Schulfreundin kam und mich fragte, kommste mit spielen?, sagte meine Mutter gleich, nee, die ist schon beschäftigt!“

Sie lacht wieder ihr gutmütiges Lachen, aber sie stimmt mir zu: „Is ja eigentlich zum Weinen!“

„Nach dem Krieg gabs nichts! Nicht zum Essen, nicht zum Heizen, gar nichts.
Ich hatte das Baby. Vor Verzweiflung hab ich meinen Stolz überwunden, hab die Bäurin angebettelt, ob ich ´n paar Löffel Mehl kriegen kann, für das Kind. –
Wie klein ist ihr Kind? fragt sie. Fünf Wochen? Ach, dann können Sie´s doch verhungern lassen!
Das hat mir gleich den Hals abgeschnürt…“ Sie zieht den kaputten Arm mit dem gesunden hoch und hält ihn wie ein Baby vor ihrer Brust.

„Der zweite wurde während ´nem Bombenangriff geboren, in Leipzig. Der Ältere wollte immer raus, die Bomben sehen, da musste ich ihn in´n Keller sperren!

Ach, mein Mann war böse. Seit er vom Krieg zurück war. Das bisschen Geld, was wir hatten, hat er gleich in die Wirtschaft getragen. Hab ich gearbeitet! Genäht, gestrickt … für andre Leute.
Wenn er die Kinder schlagen wollte, hab ich mich davorgeworfen und gefleht, schlag mich, aber nich die Kinder!“ Ihre hellen Augen sehen mich selbstgewiß an.

„Später wurde mein Mann sehr krank, Magenkrebs. Da warn wir schon getrennt. Ich hab ihn noch mal besucht. 'Jetzt hab ich meine Strafe', hat er gesagt.

Aber die Kinder – aus allen is was geworden!
Viele liebe Menschen haben auch mir geholfen. Mich getröstet, wenn ich nicht mehr konnte. Und ich helfe so gerne anderen“, verrät sie mir.

Mit einem tiefen Seufzer lehnt sie sich in die Kissen.
„Ach, ich hab´s doch gut!“

Ziemlich geheimnisvoll

C.: Sag mal, Natalie, macht ihr in der Schule irgendwas über die Passion? Vielleicht im Religionsunterricht?

N.: Über was? Ach Passionszeit, äh … nee, eigentlich nicht. Wir reden jetzt über Sekten. Das haben die meisten sich gewünscht.

C.: Ich wüsste nämlich gerne, ob das überhaupt noch vorkommt. Ich meine, Karfreitag ist für uns immerhin der wichtigste Feiertag. Naja – der traurigste auf jeden Fall.

N.: Die Passionswoche – war das nicht, als die Jünger in fremden Sprachen geredet haben?

C.: Na – das war Pfingsten.

N.: Ach ja klar. Das ist ja auch nicht besonders traurig!

C.: Nee, wirklich nicht! Da waren alle getröstet und kriegten Mut. Weil der Heilige Geist kam.

N.: Aber vorher, da ist doch Jesus ans Kreuz genagelt worden. Das war Karfreitag. Das ist ja wirklich ziemlich – naja – grausam.

C.: Das kannst du wohl sagen! Ich glaube, das will man sich gar nicht vorstellen. Da feiert man doch lieber Weihnachten –

N.: Natürlich – mit dem kleinen Jesuskind und den Geschenken! Geschenke gibt's Karfreitag nicht.

C.: Eigentlich doch! Das Hauptgeschenk. Wenn Jesus stirbt – wir sagen ja, er hat es *für uns* getan.

N.: Wieso für uns?

C.: Wir glauben ja, Gott opfert sich für uns. Also Jesus, Gottes Sohn, *ist* ja Gott. Er opfert sich für die Menschen. Für unsere Schuld. Damit wir frei sein können.

N.: Komisch. In anderen Religionen ist es doch andersrum. Da bringen Menschen Opfer für Gott. Weil sie ihm gefallen wollen.

C.: Stimmt. Aber schon im Alten Testament war klar: Eure Opfer sind mir ein Greuel! So sagt Gott zu den Menschen. Ihr seid ja scheinheilig! Haltet lieber Frieden miteinander! Sorgt für die Schwachen, das ist besser als opfern.

N.: Klingt ganz vernünftig. Aber: wenn Jesus stirbt, am Kreuz – und Jesus ist Gott - dann ist Gott ja tot! Oder darf man das nicht so wörtlich nehmen?

C.: Doch, schon. Jesus hat alles Leiden durchgemacht, was Menschen überhaupt erleben können. Er ist ganz schlimm gestorben. Aber trotzdem ist Gott ja noch da. Er hat ihn wieder zum Leben erweckt.

N.: Ziemlich geheimnisvoll!

C.: Hmm! Ist nicht so logisch, wie wir das gewohnt sind. Das ist eben Gottes Überraschung für uns!

N.: Ja, zum Glück kommt dann ja Ostern. Da freu ich mich schon drauf. Versteckst du wieder Eier für uns?

C.: Seid ihr dafür nicht schon ′n bisschen groß?

N.: Zum Freuen ist man doch nie zu groß, oder?

Der mit den Plastiktüten

In unserer Stadt gibt es einen älteren Mann, den kennt wohl jeder.
Immer läuft er durch die Straßen, an jeder Hand drei bis vier Plastiktüten. Man denkt gleich, ein Obdachloser.
Aber er sieht nur so aus. Er hat eine Wohnung, habe ich gehört.

Trotzdem sieht man ihn immer mit den Tüten. Er guckt in alle Papierkörbe, wühlt verstohlen im Müll.
Ich weiß nicht, was er da raussucht. So genau hab ich noch nie hingeguckt.

Eigentlich sieht er auch schrecklich aus, so dass man lieber wegguckt. Er hat ein ganz rotes Gesicht, wie entzündet. Irgendeine Hautkrankheit.

Es war einer der ersten Tage mit Sonnenschein nach dem langen Winter.
Ich war mit dem Fahrrad unterwegs. Dankbar habe ich die Wärme auf meinem Gesicht genossen.

Am Flussufer ist so eine Promenade. Mit Sitzbänken, damit man im Sitzen aufs Wasser gucken kann.
Auf einer dieser Bänke saß der Mann. Die Plastiktüten hatte er links und rechts von sich abgestellt.

Er saß völlig entspannt, die Beine in den klobigen Schuhen nach vorne ausgestreckt, zum Weg hin. Die Arme hatte er hinter dem Kopf verschränkt, zum Anlehnen, sein Kopf war etwas zur Seite geneigt.
Das rote Gesicht, umrahmt von aschblonden Locken, war im Schlafen nicht ganz so rot, irgendwie normaler.

Sicher habe ich nur drei, vier Sekunden hingeguckt.
Meine Verwunderung traf mich wie ein Schlag.

Der Mann sah richtig schön aus, hatte fast weiblich-weiche Gesichtszüge, war ganz entspannt, ganz bei sich. So schlief er, der Sonne zugewandt.
An diesem Tag, der ein Geschenk war mit dem blauen Himmel, mit der Verheißung eines Frühlings. Mitten in der Stadt, da wo ihn jeder sehen konnte.

So schutzlos, entrückt und - preisgegeben, dass es mir fast Angst machte. Angst um diesen Menschen, es könnte ihm aus purer Blödigkeit jemand was antun. Einfach weil er wehrlos war.
Dabei sah er irgendwie stolz aus. Würdig. Hier am Fluß, in der Sonne.

Später, zu Hause, fragt mich meine halberwachsene Tochter, Mama, du kennst doch diesen Mann, der immer mit den Plastiktüten rumläuft? Der schlief hier an der Bushaltestelle.
Da waren so Jugendliche, ich glaub, die wollten den grad verprügeln. Ich bin total sauer geworden, hab die angebrüllt, haut ab hier! Laßt den Mann in Ruhe, der tut doch niemandem was! –
Ich wusste gar nicht, dass ich so schreien kann. Aber das war richtig gut. Die sind abgehauen – Mama wie findest du das?

Das Kreuz, der Atem und Gottes Nähe

Das Kreuz ist aus Ebenholz. Es ist schön glatt, gut anzufassen und grade richtig groß. So steht es auf seinem Sockel. Immer, wenn wir Kindergottesdienst haben, stelle ich es auf – im Spielzimmer der Kinderklinik.

Manchmal finde ich, es wirkt ein bisschen sehr schwarz, sehr ernst zwischen den Kerzen, vor den frischen Blumen auf dem gedeckten Tisch, der unser Altar ist.

Aber die Kinder, die hierher kommen zum Singen, Beten und Geschichtenhören – haben sie nicht auch schon ihre Leidenserfahrungen gemacht?

Der zwölfjährige Dunkelhaarige hat seinen Infusionsständer mitgebracht. Morgen wird er operiert.
Sein blasser Nebenmann, ein Erstklässler, erzählt tapfer: Ich muß *immer wieder* hierher kommen! Bis ich gesund bin!
Wann das wohl sein wird?

Ein Bett haben wir auch ins Spielzimmer geschoben. Darin sitzt die braunhaarige Achtjährige mit der überschießenden Phantasie, das x-mal operierte Bein in einer Schiene. „Gott ist in mir drin – in meinem Herzen!“ Das weiß sie und klopft auf ihr Brustbein.

Und die neunjährige Kurdin berichtet, wann sie Angst gehabt hat: als das Haus brannte. „Aber mein Opa hat uns gerettet! Uns ist gar nichts passiert!“

Diesen Kindern möchte ich heute erzählen, wie Jesus gelitten hat – für uns. Ich zeige auf das Kreuz aus Ebenholz.
Was bedeutet so ein Kreuz? frage ich.

„Wenn da jemand gestorben ist! Auf dem Friedhof. Wie mein Opa.“ Der Kleine ist etwa fünf. Und das muß er jetzt loswerden: „Die haben ihn dann – in die Erde vergraben! Und ich war ganz doll traurig.“
Hast du deinen Opa sehr liebgehabt? – Er nickt. – Und er dich auch? – Er nickt wieder.
„Und er hat mir immer Geschichten vorgelesen!“ Bei dieser Erinnerung leuchten seine Augen.

Einige wissen, dass an dem Kreuz ein Mensch gestorben ist, Jesus.
Daß er *kein* Verbrecher war, darüber werden sie sich schmunzelnd einig. Aber was dann? –
Er war ein ganz besonderer Mensch. Er hat ja Kranke gesund gemacht und von Gottes Liebe erzählt. Damit wir wissen, Gott lässt uns nie allein.

Da hören die Kinder ganz genau hin. Gott lässt euch nie allein. Niemals!

Wißt ihr, wie nah euch Gott ist?
Unser Atem ist von Gott. Daran merken wir, dass Gott uns lebendig erhält.
Atmet mal ganz tief! Ein – und wieder aus…

Andächtig atmen die Kinder.
Sie spüren ihrem Atem nach, dem Leben, dem Geheimnis. Wie nah Gott ist, wie wunderbar.

Zum Singen brauchen wir gleich wieder Luft!
Und zum Schluß beten wir für alle, die in dieser Nacht Angst haben müssen.
Daß sie wissen, Gott ist trotzdem da, ganz nah.

Wiegenlied

Auf der Kinder-Intensivstation.
Ein frühgeborenes Mädchen, fünf Tage hat sie gelebt, dann ist sie doch gestorben.

Die junge Mutter sitzt hilflos neben dem gläsernen Kasten, er wirkt jetzt wie Schneewittchens Sarg. Das winzige Kind liegt eingehüllt in ein Tuch, eine feingestrickte Wollmütze über dem zarten Köpfchen.

Sie ist sehr niedlich, aber sie atmet nicht.
Die Mutter auch kaum, es ist ihr erstes Kind.
Die Großmutter sitzt zwei Armlängen entfernt.
Es ist, als dürften diese drei *alle* nicht mehr atmen.

Behutsam beginne ich ein Gespräch.
Ob sie ihre Tochter schon auf dem Arm hatte?
Nein! – Ängstlich guckt sie mich an, als wollte sie fragen, darf ich das überhaupt?
Die Mutter neigt sich in Richtung ihrer Tochter und betrachtet sie lange.

Ich bin nahe bei ihr. Auf einmal fragt sie mich:
Ist sie denn schon im Paradies?
Ganz bestimmt ist sie im Paradies. Ja, bei Gott.
Und in dem Moment wird es mir selbst klar: Wenn *wir* das schon so sehr wünschen können – sollte sich Gott *nicht* erbarmen?

Es ist, wie wenn ein Bann sich gelöst hätte.
Leben kommt in die Mutter. Sie möchte ihre Tochter halten.
Die Kinderschwester hilft ihr, sie ist geübt darin.
Als die Mutter noch steht mit ihrem zerbrechlichen, zerbrochenen Schatz im Arm, kommt der Vater ins Intensivzimmer, staunt ungläubig, sieht aber seine Frau gelöst lächelnd und ist beruhigt.

Allmählich findet die Familie zusammen.
Die Schwägerin kommt noch, und der Großvater. Dann sitzen alle beieinander zwischen den medizinischen Apparaten. Die Weinenden trösten sich gegenseitig.

Die Großmutter, dicht bei ihrer Tochter, will die Kleine nun auch halten. Sie hält sie lange, will sie gar nicht mehr loslassen. Sie wiegt ihre Enkelin im Arm.

Summt sie ein Wiegenlied? Oder bilde ich mir das nur ein?
Ein Lied, fast unhörbar. Aber es entfaltet eine eigene Kraft.
Ein Wiegenlied, das bis ins Paradies dringt, das Töchterchen wärmt und uns alle tröstet.

Zu viele Schätze

Wissen Sie eigentlich, wie viel Sie besitzen?
Was Sie so alles in Schränken, Regalen und Kisten aufbewahren?
Und im Keller und auf dem Dachboden?

Was sich da alles ansammelt!
Wichtige Dinge – und unwichtige. Kleidung und Küchenkram. Bücher – gelesene und ungelesene. Plakate, die einmal toll waren; alte Briefe. Dinge, von denen man sich nicht trennen kann. Erinnerungen wie aus tausendundeiner Nacht.

Ich hab immer gedacht, ich hänge nicht an Äußerlichkeiten.
Zur Strafe durfte ich neulich umziehen. Das war vielleicht ein Erlebnis!
Wochenlang vorher – als mir klar wurde, ich müsste das alles irgendwie einpacken – befiel mich eine Art Depression. Wie sollte ich das nur schaffen?

Zwar bin ich nie die leidenschaftliche Sammlerin gewesen. Aber manches hab ich einfach aufheben *müssen:*
Jede Menge Zeichnungen der Kinder – als sie klein waren und als sie größer wurden. Fotos. Von Kinderhand gefundene und angeschleppte Steine. Die angeschlagenen Teetassen, die ich bei meiner Oma schon so schön gefunden und dann von ihr geerbt hatte.

Kurz, der Umzug wurde – schlimm. Denn schließlich musste ich unter Zeitdruck entscheiden: was darf mit – und wovon trenne ich mich?

Mehr als einmal – wie zum Hohn beinah – drängte sich mir der Bibelspruch auf: „Sammelt nicht Schätze auf Erden, wo die Motten und der Rost sie fressen … Sammelt aber Schätze im Himmel!“

Nun, inzwischen haben wir den Umzug hinter uns. Jedes mitgebrachte Schätzchen wird auch wieder einen Platz finden.
Faszinierend ist doch, wie eine schöne Vase an einem neuen Ort noch schöner wird.
Und Bücher hab ich wiederentdeckt, die ich jetzt wirklich lesen werde.

Aber – die Lektion hat gesessen!
Sammelt nicht Schätze auf Erden … Sammelt aber Schätze im Himmel!

Unterscheiden, was wichtig ist und was nicht. Das muß ich wirklich noch lernen. Und: wegwerfen kann eine ungeahnte Freiheit geben!

Da entsteht ein freier Raum. Freiheit – und zwar in meinem Inneren. Die Erfahrung: es geht auch mit weniger.

Die Erfahrung ist gut: Nicht unser Sammeln und Sorgen hält uns am Leben. Sondern *der* Gott, der die Welt erschaffen und auch mich gemacht hat.

Das wäre der Schatz im Himmel: dies Vertrauen.

Mein Leben hat nicht deshalb Bestand und Bedeutung, weil ich mir solche Mühe darum gebe. Sondern weil mein Gott mir Zeit und Freiräume schenkt.
Dieser Schatz rostet nicht, er wiegt auch nichts. Im Gegenteil: der macht mich leichter!

Spatz in der Hand

Ein schmutzigbraunes Taschentuch flattert auf der Straße. Ich radle einen Bogen drumrum, so instinktiv. Oh, das ist kein Taschentuch: das lebt.
Ich halte an, stell das Rad an den Bordstein. Hier fahren wenig Autos.

Das flattert wie mit letzter Kraft. Ach! Ein junger Spatz. Ich beuge mich drüber. Er liegt auf dem Rücken, aber er lebt kaum noch.

Dies verzweifelte Schlagen mit den Flügelchen. Der soll nicht hier auf dem Asphalt sterben. Ich weiß gar nicht, wie ich ihn anfassen soll. Kaputt machen kann man da sowieso nichts mehr. Vorsichtig nehme ich dies Händchenvoll sterbendes Leben auf.

Die Federn sind kaum aus den Kielen, es schimmert noch blau am kleinen Körper. Erstaunlich das Gewicht. Ein kleiner Ball. Wie mögen die Spatzeneltern geflogen sein, um den Schnabel wieder und wieder zu stopfen.

Ein Tropfen Blut auf der Straße. Vielleicht ist der Winzling auf seinem ersten Ausflug vor ein Auto getaumelt.
Ich fühle das Herz stark in meiner Handfläche pochen. So wenig Leben, und doch so deutlich.

Als ich nach einem Rasenstück oder Gebüsch gucke, wird es ruhiger in meiner Hand. Kleine Spatzen können doch gar nicht seufzen. Trotzdem fühlt sich das so an. Und dann ein letztes starkes Zittern.

Mit einer Hand schiebe ich das Rad weiter, in der anderen trage ich den toten Spatzen. Blöd, um so was zu weinen. Es gibt doch viel Schlimmeres. Und doch rührt mich das sehr an.

Ich bin froh, dass ich eine friedliche grüne Stelle etwas abseits finde. Da wird das Federknäuel mit den Zweigen vom Busch bedeckt.

Vielleicht hat es - oder er oder sie – bei den letzten Herzschlägen noch etwas Wärme gespürt, oder Erleichterung, von meiner Hand. Wer weiß.

Seltsam: eben noch hatte ich in einem Kreis mit Kindern aus dem Krankenhaus gesessen. Gesungen haben wir beim Kindergottesdienst, gebetet und uns über die Schöpfung unterhalten. Die Geschichte von der Arche Noah, diesem Rettungsschiff für die Tiere.
Ich glaube, das fanden die Kinder gut.
Auch das, was Jesus einmal erzählt hat. Daß Gott sich sogar um die Spatzen kümmert.
Als ich wieder auf mein Fahrrad steige und in die Pedale trete, glaube ich das ganz fest.

Grau mit Rosa

„Grau! Heute geht's mir grau – mit ganz kleinen rosa Stippen drin!" Dabei guckt der Patientin ein Schalk aus den Augen.
Sie ist *nicht* grau. Sogar hier im Krankenhausbett hat sie Lippenstift aufgetragen und auch versucht, sich zu frisieren.
Beim Erzählen lächelt sie gern. Ihre alten, aber so lebendigen Augen lächeln mit.

Nein, grau sieht sie nicht aus, denke ich, aber sie fühlt sich wohl so. Und sehnt sich danach, beachtet zu werden.
Ich beuge mich über ihr Bett, um ihre Stimme zu verstehen.

„Mein Mann sagte, es gäbe die Krankenhaus-Seelsorge. Da habe ich gedacht, das gönnst du dir! Lieb, dass Sie kommen!"
Und sie erzählt, wie lange sie schon liegt. Und immer an dieselbe Wand starren! „Ach mein Gott – warum – hast du mich verlassen." Sie fasst mein Handgelenk.

Nein, Kinder hat sie keine. „Wir haben früher gedacht, man muß erst Sicherheit haben. Haus und Auto. Wir hatten nie viel Geld." Sie seufzt.

„Ja, Kinder! Das wär schön. Wenn Eheleute Kinder haben, dann sind sie so – *zusammengewachsen*!" Jetzt guckt sie mich mit großen Augen an und richtet sich etwas auf.

„Aber eins ist mir aufgegangen! Mein Mann hat früher immer gesagt, Geld ist das Wichtigste. Jetzt hab ich gemerkt: *Ich* bin das Wichtigste! Ich bin für ihn das Wichtigste!"
Dabei geht ein Strahlen über ihr Gesicht.

„Wir waren zu Hause sieben Kinder. Ich war ein bisschen frech“ – sie lächelt wie zur Entschuldigung. „Ich wollte bald aus dem Haus, die Welt kennenlernen. Und dann habe ich meinen Mann kennengelernt!
Ach, mein Vater hat sich immer gefreut, wenn ich kam. Er hörte mich immer schon von weitem…“

„Wie?“ frage ich, „Waren Sie so laut?“
„Ja! Ich hab immer gesungen! Als Kind bin ich gehüpft und gerannt und hab gesungen. Darum – er hörte mich schon von weitem und hat sich gefreut.“

Zwei Tage später begrüßt sie mich gelöst.
Wie es ihr heute geht, frage ich.
„Rosa – mit ganz klein bisschen grau – so *gestreift*!“ antwortet sie und lacht.

Wirklich, es ist mehr Leben in ihr. Ihre Augen lachen. Mit dem schlaffen linken Arm übt sie oft. Das bringt die Kraft zurück.
Und sie freut sich auf die Reha – gemeinsam mit ihrem Mann. Es hat geklappt! Es kämen bestimmt schöne Tage, glaubt sie.

Ob ich mal die Gardinen aufziehen könnte?
Unter einer schwarzgrauen Wolke wirft die schrägstehende Sonne ihr goldenes Licht auf die Stadt. Ja, goldene Tage, die wünsch ich ihr.
Sie drückt mir fest die Hand, mit ihrer gesunden, und ruft mir noch nach: „Ach, wie ich mich freue!“

Hauptsache, du bist da

Gebeugt sitzt sie auf dem Krankenhausbett, hat einen leichten Morgenmantel übergezogen. Das Dreierzimmer ist sonst leer, die Bettnachbarinnen sind gerade nicht da.
Sie freut sich über den Besuch der Krankenhauspastorin. Sie hat jetzt viel Zeit zum Nachdenken, und dann ist es auch gut, mal zu reden.

Ihr Mann ist auf Geschäftsreise, erzählt sie. Erst am Wochenende wird er die Diagnose erfahren.

„Ich weiß gar nicht, ob ich ihm das zumuten kann“, meint sie traurig. „Bisher bin ich immer die Starke gewesen, wenn mal was war.“
Dabei wirkt sie zierlich, beinah zerbrechlich, und in ihren hellblauen Augen sammeln sich immer wieder Tränen.

„Es ist nicht … er tut wirklich alles für mich. Aber ob ich ihm *das* antun kann? *Diese* Krankheit?“ Sie zieht sich den Mantel enger um die Schultern, blickt wie ins Leere.

„Früher, als kleines Mädchen, musste ich zu Hause schon die ganze Verantwortung tragen. Meine Mutter war immer krank. Ich musste sie pflegen. Nie kriegte ich ein Dankeschön. Nein, wie es *mir* dabei ging, interessierte keinen. Ich hatte niemanden.“

Der erste Mann hat sie schlecht behandelt. Wie sie das ausgehalten habe, frage ich.
Sie weiß es selber nicht.
Aber heute – da ist die Tochter, die sie liebt. Einen netten Mann hat die, und drei ganz süße kleine Jungen. So Knutschkugeln! Die sind wirklich eine Freude.

Mein nächster Besuch ist kurz. Nach einer erfolglosen Operation ist sie sehr schwach. Aber ihr Mann war da, früher, als sie hoffen konnte. Sie haben offen reden können, es war gar nicht so schlimm. Er hat die Nachricht verkraftet. Und er hat sich schon Urlaub genommen für sie.
Morgen kommt ihre Tochter. Das wird schön. Aber sie werden auch weinen miteinander.

Drei Tage später lächelt sie, als sie erzählt:
„*Diese* Erfahrung habe ich noch nie gemacht! So viele denken an mich, lassen mich grüßen, nehmen Anteil. Das gibt mir ganz viel Kraft.“

Und ihr Mann liebt sie. Obwohl sie jetzt nicht mehr die Starke sein kann. Er sagt, Hauptsache, du bist da! – Ein völlig neues Lebensgefühl. Das hat sie noch nie erlebt.

Sie freut sich, dass sie bald eine Pause von den Bestrahlungen bekommt. Dann wird sie ihre Tochter besuchen und mit den Enkeln Geburtstag feiern.
„Die Ärztin meint, das kriegen wir hin!“
Sie lacht und malt sich die Geburtstagsfeier aus.

Als ich ihr Zimmer verlasse, denke ich: wenn ich könnte, würde ich für diese Frau ein Wunder bestellen. Bei Gott persönlich.
Aber vielleicht ist Gott ja schon unterwegs.

Liebesdrama

Wir fahren auf der Autobahn.
Da flattert an einer Brücke ein riesiges Transparent.
Mindestens drei Bettlaken aneinander genäht, mit roten Riesenbuchstaben: ES TUT SO WEH!

Wir unterqueren die Brücke, schwupp, vorbei.
Was das bedeuten soll?
Eine raffinierte Kampagne für weniger Unfälle? „Es tut so weh“ – wenn es dann passiert ist?

Nach kurzer Strecke, wieder an einer Brücke, ein zweites Transparent mit der gleichen Handschrift: BITTE KOMM ZURÜCK!

Wer hat so viele Bettlaken übrig, dass er gleich ein halbes Dutzend opfern kann? Und sie als Telegramm über die Autobahn hängt?

Ich komme ins Phantasieren: Also doch ein Liebesdrama.
Ich stelle mir vor, es ist ein stürmischer junger Mann. Er muß ziemlich verzweifelt sein. Sie hat ihn verlassen! Vielleicht auf ganz gemeine Art?
Ihn erst total verliebt gemacht, ihn benutzt, solange es ihr Spaß machte, und ihn dann kaltblütig stehenlassen?

Vielleicht war´s aber auch genau umgekehrt. Er hat sie zur Weißglut getrieben, sie ständig mit kleinen Bemerkungen verletzt. Vielleicht hat er sie angebrüllt, war grob, und hinterher tat´s ihm leid.
Jedenfalls liebt er sie noch. Und wie! Und er will sie zurückerobern.

So schreit er seinen Schmerz hinaus mit diesen krakeligen Buchstaben.
Wie Blut auf den weißen Laken.
Es tut so weh. Bitte komm zurück!

Jemand hat mal gesagt: Nichts ist so *ganz* wie ein gebrochenes Herz.
Was er damit meint?

Wenn ich diesen Riß so tief spüre, bin ich der unglücklichste aller Menschen. Aber es lebt in mir, ich *fühle* noch. Wer Schmerz empfindet, lebt ja noch und hat noch eine Chance. Ich kann wieder lebendig werden und wieder heil. Wer noch schreien kann, kann gehört werden.

Hinter der Verzweiflung dieses Transparentschreibers meine ich Sehnsucht zu spüren. Und diese Sehnsucht, diese Verletzlichkeit rührt mich an.

Das macht ja uns Menschen aus: dass wir verletzlich sind. Und gern wieder heil werden wollen.

Ich wünsche diesem Unbekannten, dass er seinen Schatz zurückbekommt. Daß beide neu anfangen. Daß sie freundlicher, behutsamer miteinander umgehen. Weil sie gemerkt haben, wie wertvoll sie füreinander sind.

Wer weiß, vielleicht hängt in ein paar Wochen ein Transparent an der Brücke, das mit riesigen grünen Buchstaben verkündet: DANKE!

Geht das Leben gut aus?

N.: Mama, geht das Leben gut aus?

C.: Wie meinst du das?

N.: Ich meine, ob wohl die Menschen am Ende sich selbst umbringen? Es könnten Atomkriege kommen, und das ganze Land würde vernichtet werden ... oder so. Man sieht ja schon, wie die anfangen, Tiere auszurotten. Und der Regenwald wird abgeholzt.

C.: Ja, unsrer Welt geht´s nicht gut! Viele machen sich Sorgen deshalb. Aber ich bin froh, dass grade junge Leute wie du sich dafür einsetzen, dass es *anders* weitergeht. – Was würdest du dir denn wünschen?

N.: Ich wünsch natürlich, dass *nich* ne Atombombe kommt.

Am besten wär, wenn Gott das entscheidet – und nicht irgend `n Politiker -, wann die Welt zuende geht. –
Aber ich finde, dass Menschen, die an nichts mehr glauben, auch brutal werden. Manche glauben, sie hätten die ganze Macht. Dabei ist das Universum so riesig – das kann man sich gar nicht vorstellen!

C.: Ja wirklich, wir sollten viel bescheidener werden. Wir haben die Welt ja nicht erfunden.
Aber ich glaube auch immer noch, dass die Welt bestehen bleibt. – Erinnerst du dich an die Noah-Geschichte, aus dem Kindergottesdienst?

N.: Ja, da waren die Menschen so böse, dass Gott sie ausrotten musste ... also nicht "musste"-

C.: Naja, er wollte es jedenfalls tun. Aber Noah und seine Familie sollten übrig bleiben –

N.: - Und die Tiere! Die Tiere hatten ja keine Schuld. Aber viele sind auch ertrunken.

C.: Ja, siehste, wenn wir Menschen großen Blödsinn machen, müssen die Tiere mitleiden! Darum sind wir verantwortlich, auch für die Tiere.
Aber weißt du noch den Schluß der Geschichte?

N.: Da kam die Friedenstaube mit ′nem Ölbaumzweig zurück. Und die Arche ist auf′m Berg aufgestoßen, und alle konnten raus.

C.: Auf dem trockenen Land hat Noah dann einen Altar gebaut, weil er Gott danken wollte. Und Gott hat ihm was geantwortet –

N.: - der Regenbogen!

C.: Genau! Gott hat gesagt, der Regenbogen ist das Zeichen für euch, dass ich die Welt nicht im Stich lasse. Ich will die Menschen nie wieder vernichten und keine Flut mehr schicken. –
Immer, wenn wir den Regenbogen sehen, sollen wir daran denken, dass Gott seine Welt lieb hat.

N.: Ja, und wir sollten in Frieden leben. Mit Menschen und Tieren.

C.: Und keine Angst haben, dass die Welt untergeht. Nämlich die Angst lähmt ja auch. Und lahme Leute können nichts *tun*.
Also, wir müssen Gott eben mithelfen, dass das Leben gut ausgeht. – Da siehst du schon, eigentlich gibt's auf deine Frage nicht einfach eine Antwort.

N.: Aber doch, Mama! Die Frage ist: Geht das Leben gut aus? Und die Antwort – sind wir selber! Mit dem, was wir tun.

C.: Hmm, ja genau! Besser kann ich das auch nicht sagen!

Barmherzigkeit

Der letzte Besucher, der den Gottesdienstraum verlässt, ist ein alter Mann. Er drückt mir lange die Hand, will gehen, zögert. Er wendet sich halb ab, murmelt „Ach, nichts...“, dann sieht er mir in die Augen und sagt: „Ich möchte mit Ihnen sprechen.“

Ich hab Zeit und biete ihm einen Stuhl an. Aber er will im Stehen reden.

„Jetzt, im Alter, habe ich ein Problem. Aber die Sache liegt schon sechzig Jahre zurück. Ich habe die ganze Zeit nicht so drüber nachgedacht. Es war Krieg. Ich war siebzehn Jahre alt. *Damals* war das *richtig*. Ich war damals überzeugt davon. Das waren ja alle.

Ich war Panzergrenadier, in Ungarn, Rumänien. Immer den Russen gegenübergelegen. Verstehn Sie: ich hockte hinter auf'm Panzer drauf, Kanonenfutter! Hab geschossen, geschossen, geschossen! Heute fragt man sich“ – Er schluckt, schaut aus dem Fenster.

„Mein Vater war bei der schwarzen SS. Wissen Sie warum? Er war arbeitslos. Zwei Kinder, wir haben eng gewohnt. In der Kneipe beim Bier meint 'n Kumpel: Du mit deiner Figur und arbeitslos? Komm zu uns – in ner Woche hast du Arbeit. – Und so war's dann. Arbeit und Uniform. Und ich war bei der Hitlerjugend. Wandern, Lieder singen, Lagerfeuer ... das war was! Aber aber ... was danach kam ...

Meine Frau ist aus Ostpreußen. Vor längerer Zeit waren wir in ihrer alten Heimat. Ein junger Russe, 21 Jahre, hat uns geführt und übersetzt. Sein Onkel war damals am Plattensee gefallen.“ Er unterbricht sich, schluchzt und fasst sich wieder.

„Damals haben wir das mit Begeisterung getan. Heute fragt man sich, ob nicht der eine oder andere von denen ... auch Vater und Mutter gehabt hat. – Nein, so was darf nicht wieder passieren!

Wenn ich heute Bilder von Panzern sehe, in Irak oder so, dann wird mir immer schlecht. Ich kann das nicht sehen. – Nein, ich sage den jungen Leuten: Ihr seid heute dafür verantwortlich, dass so was nicht wieder passiert! Und: Dankt Gott auf Knien dafür, dass ihr damals noch nicht gelebt habt!“ Er steht, auf die Stuhllehne gestützt, und sieht mich eindringlich an.

„Eine ältere Frau, eine Nonne, hat mir auf meine Fragen mal geantwortet: Gott ist Barmherzigkeit.“
„Ja“, sage ich nur, „Gott ist Barmherzigkeit.“

Und ich bin froh, dass wir eben das Abendmahl miteinander gefeiert haben.

Tragen

Eine Zeitungsnachricht hat mich erschreckt.
„Geburt ohne dicken Bauch?“

Da arbeiten Forscher in den USA daran, aus Zellgewebe eine völlig eigenständige Gebärmutter zu entwickeln. Ohne Frau sozusagen.
In diesem Kunstbauch sollen dann kleine Menschen heranwachsen. Zwar ist es lange noch nicht konkret – doch in wenigen Jahren soll es soweit sein.

Was treibt kluge Menschen dazu – frage ich mich -, dass sie etwas so Perfektes und Kompliziertes wie eine Schwangerschaft in Einzelteile auseinandernehmen wollen? Etwas, was so fertig-erfunden, so wunderbar, so ehrfurchtgebietend ist! Das verbessern zu wollen, scheint mir so absurd!

Als wir Kinder waren, haben wir gern Spielzeug auseinandergenommen.
Wie funktioniert das? Was steckt dahinter, warum geht das so?
Vor allem mechanisches Spielzeug verleitet dazu. Was passiert, wenn man was verändert?

So haben mein Bruder und ich manches Blechauto kaputtgekriegt – und staunten über die blanke Spirale, die da drin war. Mehr als ein Schaufelbagger wurde erlegt, über den wir uns vorher zu Heiligabend so gefreut hatten.
Der Vater schimpfte, die Mutter glättete die Wogen mit der Bemerkung, kluge Kinder wollten halt immer wissen, wie´s funktioniert. Kinder wären eben neugierig.

Aber hier geht es nicht mehr um Spielzeug, auch nicht um Mechanik. Es wird experimentiert mit Menschen, die mal auf die Welt kommen sollen.

Was braucht ein Mensch als Ausrüstung, damit er Mensch werden kann?

Erinnern Sie sich an die Zeit vor Ihrer Geburt?
An die Alltagsgeräusche, die Sie hörten? An die Stimme Ihrer Mutter? Ihrer Geschwister? An schrille Stadtgeräusche und das Gezeter der Frühlingsvögel?

Ich erinnere mich auch nicht mehr. Aber es war so. Wir alle haben das gehört, vor unserer Geburt. Langsame und schnelle Bewegungen mitgemacht. Atem und Herzschlag der Mutter und der Welt haben auch Sie damals schon erlebt. Träume gehabt. Ihr Gehirn hat sich entwickelt durch diese Eindrücke.

Das Tragen meiner Kinder, die Schwangerschaft ist auch mir manchmal schwer gewesen. Aber verzichten möchte ich nicht darauf. Ein Band ist gewachsen, das verbindet mich mit meinen Kindern. Und irgendwie auch mit der ganzen Menschheit.

Gott muß es wohl auch so gehen. Beim Propheten Jesaja steht seine Verheißung für uns geschrieben: „Ja, ich will euch tragen bis ins Alter und bis ihr grau werdet. Ich will es tun, ich will heben und tragen und erretten."
Gott sei Dank, dass er uns trägt!

Auch-Lied

Abends nach dem Krankenhaus-Gottesdienst.
Ich schließe die Türen ab. Alles in Ordnung auf dem Flur.
Da höre ich auf einmal jemand singen!
Eine Frauenstimme mit einer heiteren, schlichten Melodie. So nebenbei mit Pausen gesungen. Oh, und: in einer fremden Sprache.

Das muß die polnische Putzfrau sein. Genau: da schiebt sie den Putzwagen um die Ecke, mit Staubsauger, Wischzeug und Putzflaschen.

„Das ist aber nett, dass Sie hier so´n Lied singen!" sag ich ihr, bevor ich sie in Richtung Fahrstuhl überhole. „Und das, wo Sie so spät hier noch arbeiten!"
„Ja!" meint sie, gar nicht überrascht. „Ich singe auf andere Sprache. Aber auch-Lied!" Und sie lächelt selbstbewusst.
So verabschieden wir uns, denn ich darf jetzt nach Hause.

Mir passiert das auch manchmal: ich bin so im Einklang mit mir selbst – die Arbeit geht von der Hand – und auf einmal höre ich mich singen. Dann merke ich: Mensch, dir geht's ja wohl gut! Und ich freu mich doppelt.

Lieder gibt es jede Menge – nicht nur fröhliche. Auch schwermütige und ernste, säuselnde und aufrüttelnde. Manche gehen uns direkt in die Seele, trösten. Oder sie helfen uns, dass wir uns einmal ausweinen.

Andere haben eine Macht wie Zauber und erwecken alte Energien, die wir längst verloren glaubten. Die rütteln an uns: Mensch, du lebst noch! Du bist noch längst nicht tot! Das Leben ist schön!

Klänge treffen uns, lassen uns tief aufatmen und ein verborgenes, tiefes Glück spüren. Das uns niemand nehmen kann. Wie ein Edelstein im Innern des Körpers.

Manche Begnadeten träumen sogar Musik – und hören im Schlaf ein vollendetes Konzert. Das ist Seligkeit, direkt aus dem Himmel.

Blättern Sie doch mal in den Liedern der Bibel.
Das sind nämlich die Psalmen. Jeder Ton, der im Leben und in der Welt vorkommt, findet sich dort. Lob und Klage und alles, was in einem überhaupt drin sein kann, das wird dort gesungen.
Die reinste Freude und die reinste Verzweiflung, und alles an Gottes Adresse!

Ein Psalmsänger jubelt: Ich will dem Herrn singen mein Leben lang, meinen Gott loben, solange ich bin. – Und ein anderer: Aus der Tiefe rufe ich zu dir. Herr, höre meine Stimme.

Ja, jeder Mensch hat eine Stimme – eine einzigartige.
Und unser Gott will, dass wir singen! Daß wir uns des Lebens freuen. Trotz allem, was dagegensteht und uns das Leben schwer macht.
Ja, Gott will, dass uns leicht ist und wir uns manches von der Seele singen.

Vielleicht stecken wir dann sogar andere mit unserer Leichtigkeit an. So wie die polnische Putzfrau das mit mir gemacht hat, mit ihrem heiteren „Auch-Lied“.
Denn als ich aus dem Krankenhaus zu den Fahrradständern gehe, höre ich mich eine Melodie summen.

Es regnet – Gott segnet

Kaum hatte ich mich aufs Fahrrad geschwungen, fielen die ersten Tropfen. Ganz feine, aber von der Art, dass man nach zwei Minuten völlig durchnässt ist. Also schon wieder so ein grauer Tag. Bestenfalls Aprilwetter erwartete mich.

Zwei Straßenecken weiter steht ein kleines Mädchen auf dem schmalen Gehweg, die Kindergartentasche über der Schulter. Verträumt hebt sie das Gesicht zum blaugrauen Himmel – und singt: „Es reeegnet, Gott seeegnet, die Eade wird naß!“
Dann wendet sie sich dem Haus zu, wo ihre Mutter grad die Tür abschließt. „Mama es reegnet!“

Da bin ich auch schon vorbei, die Arbeit erwartet mich. Aber diese Szene, dies niedliche Nichts hat etwas in mir wachgerufen.

Früher, da habe ich mich auch über den Regen gefreut. Weil man so schön naß wurde davon. Und weil es ja der liebe Gott war, der den Regen schickte, damit die Blumen wachsen konnten. Und das Gemüse und Korn für Brot.
Auch ich mochte das Feuchte, Kühle auf meinem Gesicht, als ich Kind war. Den Duft der nassen Gräser, unbeschreiblich gut.
Und auch ich hab gesungen: Es regnet, Gott segnet, die Erde wird naß…

Erst eine Freundin im großen dunstigen Berlin hat mir beigebracht, dass der Regen schon schmutzig runterkommt. Erst wollte ich es nicht glauben, aber es stimmte ja.
Die Welt ist durcheinandergekommen, seit wir mitbestimmen, wann der Liebegott es regnen lässt…

Und doch hat dies kleine Mädchen mir etwas gezeigt, mit ihrer kindlichen Offenheit.

Jeder Tag, auch ein verregneter, ist meine Zeit – von Gott. Niemand zwingt mich, schlecht gelaunt oder traurig zu sein.

Oder, wie ein irisches Sprichwort sagt – und in Irland regnet es viel!:
Gott schenkt dir das Gesicht, lächeln musst du selbst!

Wo fängt der Himmel an

„Ich bin jetzt achtzig Jahre alt"; erzählt mir die weißhaarige Frau im Krankenhausbett.
„Als ich zur Welt kommen sollte, holte mein Vater die Hebamme aus der Stadt mit ′ner Kutsche ab. Die Hebamme war noch ganz jung. In der Nacht kam sie das erste Mal in unser Dorf.
Und am nächsten Tag erzählte sie ihrer Kollegin" – hier unterbricht sich die alte Dame, holt erstmal ein Taschentuch unterm Kopfkissen vor und schneuzt sich - „die erzählte am nächsten Tag: du, ich war letzte Nacht da, wo der liebe Gott vergessen hat, Himmel und Erde zu trennen…"

Was diese Redewendung wohl bedeutet? – frage ich sie.
„Naja, es war halt weit draußen, ganz einsam. Nur Sandwege, nicht Asphalt wie heute. Und lauter Gräben!
Wir sind als Kinder immer über Gräben gesprungen, wenn wir irgendwo hinwollten. Über Gräben springen, das konnten wir!

Und unsere Schule war einklassig. Kennen Sie das?

Alle Kinder vom Dorf in einem Raum. Die Älteren kamen früh, die Kleinen später. Unser Lehrer sagte oft, er hätte Steineklopper werden sollen. Dann hätt er seine Steine gekloppt und wäre fertig gewesen. Mit euch – da fängt man immer wieder von vorne an! Ja“ – lacht sie, „das war wohl so!

Aber was der uns alles beigebracht hat! Das konnte ich später alles gut gebrauchen. Da hab ich großen Respekt!
Nach der Schule bin ich in Stellung gegangen, als Hausmädchen bei einer Arztfamilie in der Stadt. Die Leute waren sehr gut zu mir. Ich hab die Kinder gehütet, Essen gekocht, saubergemacht.

Und dann hab ich meinen Mann kennengelernt. Gemeinsam sind wir wieder in mein Dorf gegangen. Und die Kinder sind hier geboren.
Auch heute noch wohnen wir einsam, am Rand vom Dorf. Aber es gibt Nachtigallen! Busch und Wald, da fühlen die sich wohl, die Nachtigallen.
Ach, man kann für so vieles dankbar sein!“
Zufrieden seufzend lehnt sich die alte Dame in die Kissen zurück. Morgen darf sie wieder nach Hause.

Und ich stelle mir die Einsamkeit vor, in der sie die meiste Zeit ihres Lebens verbracht hat.
In ihrem gottverlassenen Kaff, damals verrufen in den Nachbarorten, in diesem Moordorf am Ende der Welt, da war sie gar nicht von Gott verlassen!

In all der Kargheit und Bescheidenheit empfand sie doch das Leben als reich. Sogar mit Nachtigallen im Garten. Wer hat das schon?

Mag sein, dass in einer solchen Abgeschiedenheit wirklich der Himmel ganz dicht an die Erde kommt. So dass man gar nicht wissen kann, wo fängt hier der Himmel an? Bis wo reicht die Erde?
Wie schön, dass es solche Orte gibt – überall auf der Welt.

Ganz leicht

Eine ältere Patientin, lebhaft, mit lustigen Augen, erzählt mir aus ihrer Schulzeit. Farbig und temperamentvoll. Nicht sie, sondern ich scheine an ihr Bett gefesselt zu sein.

Die Dreißiger-Vierzigerjahre in Osnabrück, einer damals sehr katholischen Stadt mit dem großen Dom.
Die Evangelischen gab´s auch. Aber dies Häuflein Andersgläubiger musste aufpassen, dass sie nicht in der großen Menge der Katholischen untergingen.

Das Schulmädchen von damals gehörte zu dieser bedrängten Minderheit.

Der Feiertag Fronleichnam! Höchst feierlich, sowieso schon, aber zur Krönung der Feierlichkeit wird der Bischof kommen. Der katholische natürlich.
Und eine katholische Schulfreundin fragt sie, kommst du mit zur Prozession? Komm, wir gehen zusammen!
Das ist aufregend für die kleine Evangelische. Aber zu verlockend!

In der Menge der Menschen fühlt sie sich zunächst wie Falschgeld. Ob jemand sie erkennt und nach Hause schimpft?
Dann allmählich wird ihr wohl in dem Trubel. Den kannte sie ja vorher nur von außen. Sie genießt es richtig, dabeizusein.

„Und das Tollste kommt jetzt. Stelln Sie sich mal vor" – nach all den Jahrzehnten ist diese Frau immer noch begeistert, „dann kommt der Bischof! Und da stehn wir alle. Und er sieht ja nicht, dass ich evangelisch bin. Und er segnet alle! Er spritzt geweihtes Wasser über alle! Auch über mich!
Und hinterher, zu Hause, fragt Mutter mich, wie ich mich gefühlt habe.
Und ich weiß noch genau, was ich geantwortet habe!" Die Patientin schaut mich triumphierend an.
„Ich hab gesagt, Mutter, ich hab mich hinterher ganz leicht gefühlt!"

Die Erzählerin lehnt sich zurück, mit glücklichem Gesichtsausdruck, nimmt sich eine Pause zum Luftholen.

Die Leichtigkeit, vor Jahrzehnten erlebt, ist wieder ganz frisch. Sogar bei mir, auch ich spüre etwas davon.

Ob wir in der richtigen Kirche getauft sind – kommts denn darauf an?

Ich glaube und erfahre, dass Gott ungeheuer reich ist. Und vielfältig. Wie in tausend Verkleidungen, aber immer derselbe Gott. Und großzügig ist er.
Noch viel mehr als jener Bischof, der aus Versehen alle segnete, die da grad standen.

Stellen Sie sich auch mal in die erste Reihe. Wie diese junggebliebene Frau aus Osnabrück.
Vielleicht geschieht es Ihnen, dass Sie hinterher sagen: Ich fühle mich ganz leicht!

Kein Gott da oben

Zwischen Himmel und Erde gibt es manches Wunderbare. Und ab und zu auch eine witzige Ent-Täuschung.
Ein weitgereister Fotograf, der nun Patient geworden war, erzählte mir schmunzelnd folgende Geschichte.

Hören Sie, Frau Pastorin, diese Geschichte wird Ihnen gefallen!
Ich war irgendwo im Amazonasgebiet. Sie verstehen – vorn und hinten und überall – Dschungel. Ich hatte da eine Fotoreportage zu machen.
Es gab dort bloß eben die eingeborenen Indianer und eine kleine Missionsstation. Die und ihr christlicher Missionar wurden von einem Flugzeug versorgt, das kam in gewissen Abständen angeflogen.

Für die Eingeborenen war das jedes Mal eine Sensation.
Dieser himmlische Flieger brachte ja die nützlichsten und erstaunlichsten Dinge mit. Und – wer weiß woher! Also, die haben geglaubt, der käme gradewegs vom Himmel! Von irgend´ner Gottheit.

Und jetzt hören Sie mal zu! – sagt der Fotograf und beugt sich im Bett nach vorne.
Einer von diesen Indianern wollte mal mitfliegen.
Gut, also der Pilot hat ihn mit einsteigen lassen. Soweit – so schön! Als er wieder landet, steigt der Indianer aus und geht ganz muffig nach Hause. Unzufrieden und schweigsam. Wochenlang danach kommt niemand zum Gottesdienst!

Der Missionar weiß nich,t was los ist – und fragt sich, was er verkehrt gemacht hat.
Schließlich erfährt er den Grund des Streiks.
Der Fluggast hatte nämlich unterwegs, da oben zwischen den Wolken, nach dem Gott Ausschau gehalten, für den der Missionar doch geworben hatte. Hatte geguckt und geguckt.
Die guten Dinge waren ja schließlich auch von dort oben gekommen. Also musste da der Gott stecken!

Aber, wie schwer sah der Mann sich getäuscht. Der Gott war da nicht.
Und der Indianer war so enttäuscht, so erschüttert, dass er zu den Leuten seines Stammes hinging und sie aufklärte.
Kein Gott im Himmel weit und breit!
Und weil der ganze Stamm darüber sauer war, erschien keiner zum Gottesdienst!

Lachend beendet der Weltreisende seine Anekdote. Ich lache mit – und werde zugleich nachdenklich.
Erstmal fühlt man sich überlegen. Die einfältigen Eingeborenen!

Aber wir hier in der Zivilisation – sind wir wirklich so viel schlauer?

Wo suchen *wir* Gott?
Es ist ja noch nicht so lange her, da ließ uns ein russischer Kosmonaut schadenfroh wissen: Gott gäbe es da draußen im Weltall nicht. Den hätte er nicht getroffen!

Die Bibel, viel klüger und weiser, als wir ihr zutrauen, verrät uns was anderes:
„Der Herr ist nahe denen, die ihn anrufen." (Psalm 145)

Gott ist uns nah. Wenn wir es zulassen. Und dafür brauchen wir kein Flugzeug und kein Raumschiff. Gott ist uns nahe im Gebet.
Nehmen Sie doch heute noch Verbindung auf!

Monster

„Mama, wo gehst du hin?"
Grad mach ich mich fertig, das Haus zu verlassen. Aber meine Tochter ahnt wohl was.

„Ich will mit deiner Lehrerin sprechen. Elternsprechtag – zum letzten mal in der vierten Klasse."
„Und was redet ihr da?"
„Ach du – bestimmt nichts Schlimmes, wie ich dich kenne. Oder hast du doch mal was angestellt?"

Neugierig ist sie ja, meine Tochter. Ich sehe richtig, wie es in ihr arbeitet. Ein bisschen beunruhigt – oder wie guckt sie?
Schließlich atmet sie auf und meint: „Ich glaub ja nicht, dass ich so´ne Art Monster bin. Oder ´n seelisches Wrack!"
Und wir lachen beide!

Ist es nicht seltsam? Wie unsicher wir werden, auch noch als Erwachsene, wenn über uns geredet wird, und wir wissen nicht, was!
Denn, wie andere uns sehen, bleibt uns doch meist verborgen. Wer sagt uns schon die ganze Wahrheit über uns?

Vielleicht kenne ich selber meine Schwächen ganz gut. Aber vielleicht bin ich auch gerade da blind! Ob ich nicht in den Augen der anderen so eine Art Monster bin – fremdartig, verachtenswert?

Früher gab es manchmal diese strengen Lehrerinnen. Die haben nur Fehler gesehen an einem Kind. Nicht das Schöne, Besondere und Liebenswerte, das es immer auch gibt.

Und am Ende sieht sich ein Kind dann selber so. „Nichts Gutes an mir!“ – das ist eine traurige Lebenseinstellung.

Zum Glück gibt’s aber auch Freunde, die mich mögen. Die mich nicht schlimm finden, wenn ich auch meine Schwachstellen habe. Aber wer hätte gar keine Fehler?

Wär das doch schön, wenn wir mehr Freunde um uns wüssten! Leute, die uns mit freundlichen Augen anblicken. Da müssen wir nicht ständig auf der Hut sein, uns keine Blöße zu geben.

Froh bin ich, dass in Schulen jetzt mehr darauf geachtet werden soll, was ein Kind an Stärken mitbringt. Froh bin ich über jeden Lehrer, jede Lehrerin, die es versteht, Kinder zu ermutigen.
Und froh bin ich über jeden Menschen, der mir freundlich begegnet.

Pistolen zu Bällen

Er tauchte plötzlich hinter dem Erdwall auf: ein Bewaffneter. Vermutlich erstes Schuljahr, so sechs, sieben Jahre alt.
Ich hatte arglos eine Pause auf dem Parkplatz eingelegt, und weil die Sonne so schön schien, saß ich bei offener Autotür und wartete auf meine Tochter.

Nun schreckt mich dieser Knirps auf.
Er hebt den Arm mit der Pistole, ganz profihaft, wie im Fernsehen, nimmt dann den anderen Arm als Stütze dazu. Dabei blickt er mich eiskalt an, als sei ich schon durchbohrt.

Das ist mir zuviel!
Hey! schreie ich ihn an – er ist vielleicht fünf Meter entfernt, also ganz schön dicht. „Du spinnst wohl! Hier wird nicht geschossen – jedenfalls nicht auf mich!“

Er lässt den Arm sinken, irritiert, bleibt noch eine Weile stehn, wendet sich hilfesuchend um.

Da hat sich inzwischen ein noch zarteres Bürschchen hingepflanzt, sein kleiner Bruder offenbar, Kindergartenalter. Die beiden bereden sich, tauchen ab. Eine Weile passiert nichts.

Aber ich – ich bin immer noch aufgeregt.
Ist es nicht mein Menschenrecht, *nicht* angegriffen zu werden – und wenn´s auch nur mit einer Spielzeugpistole war? Seh ich das zu eng mit der Gewaltlosigkeit?

In weitem Bogen kommt der kleine Bruder angerollert. Er hat mir wohl was zu sagen. „Na?“ frag ich ihn aufmunternd. Da traut er sich und kommt näher.
Er ist mutig. Ich spüre seine Empörung, als er klarstellt: „Wir dürfen schießen! Das hat Mama erlaubt!“
„Ja, aber nicht auf mich! Das erlaube *ich* nicht!“ Und ich erkläre ihm, dass ich hier sitzen darf, ohne erschossen zu werden.

Wir reden so lange miteinander, bis wir beide zufrieden sind.
Aber ob er mich verstanden hat? Daß ich mich nicht erschießen lassen will? Auch nicht im Spiel?

Eine Weile später tauchen die beiden Kurzen wieder über dem Erdwall auf.
Mit ´nem Fußball!
Den schießen sie vor sich her, fegen über den Parkplatz weg, und aus freundlich-sicherer Distanz blinzelt der Kleinere zu mir rüber.
Klar – ich lächele zurück.

Ein Leben retten

Manchmal kommen nur ganz wenige. Zwei, drei Patientinnen finden sich dann in unserer Mini-Kirche im Krankenhaus ein.
Ab und zu frage ich mich vor dem Gottesdienst, ob wir nicht „unter uns“ bleiben: die Organistin, der Techniker und ich, die Pastorin.

Neulich waren wir so am Vorbereiten. Der Techniker richtete die Geräte ein, damit die Kranken auf den Zimmern mithören können.

„Na, is ja noch ziemlich ruhig hier“, sag ich zu ihm, „ob heut wohl jemand kommt?“
Er hat grad an dem einen Mikrophon einen Kabelbruch entdeckt.

„Ich will Ihnen mal was sagen.“ – Er lächelt mich an. „Ich kontrolliere technische Geräte. Hier im ganzen Haus. Auch solche, wo´s genau drauf ankommt. Medizin-technische Geräte, für Operationen und so. 99,9% sind in Ordnung. Aber dann ist mal *eins nicht* in Ordnung. Und dann denk ich: da hast du vielleicht jemand das Leben gerettet!“

Tja, da hatte ich vor meiner Ansprache selber ´ne kleine Predigt.
Das gefiel mir!
Daß dieser Mann mir so was sagt, einer, der mir beiden Beinen auf dem Boden steht. Einer, dem man nichts vormachen kann. In seiner nüchtern technischen Betrachtungsweise steckt doch so was Freundliches drin. Eine Weisheit. Und das tröstet mich – die Seelsorgerin.

Denn ich – ich mach mir Gedanken, ob ich effektiv genug arbeite, ob ich genügend viele Leute erreiche… Dabei habe ich es sowieso nicht in der Hand.
Selbst wenn ich vor vollen Bänken predige: wer kann schon sagen, ob auch nur einer sich von Gottes Wort anrühren lässt, das ich zur Geltung bringen will?

Aber wenn es auch nur einer – eine ist: für die kann es wichtig sein.

Diese eine Frau ist jetzt traurig – und ist bereit, sich trösten und verändern zu lassen durch einen Gedanken, den sie hört.
Oder dieser eine Mann zankt mit seinem Schicksal, fühlt sich vom Leben betrogen, will gar keinen Trost hören – und ein freundlicher Blick, mein Zuhören erreicht ihn vielleicht doch.

Liebe Hörerinnen und Hörer: es ist wichtig, was Sie tun oder sagen. Auch ohne Mikrophon.

Worte sind nicht bloß heiße Luft. Sie kommen an – und wirken. Wir wissen oft nicht, wo und was – und wie.
Aber manchmal, da bin ich sicher, können wir, sozusagen, ein Leben retten. Oder jemand ein bisschen froh machen.
Gott segne heute Ihr Tun und Reden!

Zentnerlast - genommen

„Gut, dass Sie kommen“, begrüßte mich der schwerkranke Patient, „ich muß Ihnen was erzählen.“
Mit dem knappen Atem, den er noch hatte, kam er gleich zur Sache.

„Mir ist eine Zentnerlast genommen!“ Er seufzte tief.
Und dann erzählte er von der Frau, die ihn am Tag vorher besucht hatte, nach so langer Zeit. Wie sie ihn nicht erkannt hatte und wieder aus dem Zimmer gegangen war, verwirrt und hilfesuchend. Unter Tränen berichtete er. –
Die freundliche Krankenschwester hatte die Besucherin gleich wieder ins Zimmer begleitet, „Sehen Sie, das ist er!“

Und dann ereignete sich das Gespräch.
Was lange Jahre wie vergraben gewesen war, schmerzlich halbvergessen, mit Schuld und Kränkungen beladen die Erinnerungen – die Trauer über nicht zum Zug gekommene Treue – all das konnte in jener Stunde ans Licht geholt werden.

Endlich konnte er hören, ja spüren: dass es in Ordnung war. Daß ihm verziehen, längst verziehen war, wofür er ja gar nichts konnte.
Er hatte damals nur die Wahl gehabt zwischen falsch und verkehrt. Und das hatte ja schiefgehen müssen.
Nur, reden konnte man darüber nicht, damals.

Aber umso mehr hatte es ihn all die Zeit gedrückt. Wie ein zentnerschwerer Sack auf der Brust gedrückt.
Und nun war es wie eine Erlösung – nein: es *war* Erlösung, was ihm geschah.

Die Dame von gestern war sicher kein Engel gewesen!
In ihrer Familie ist es immer knallhart zur Sache gegangen – das wusste ich schon von ihm.
Aber doch war sie *für ihn* zum Engel geworden. Erleichterung hatte sie ihm gebracht, Verzeihung, Liebe, auch Gerechtigkeit. Das hat ihn befreit, erlöst.

Die Geschichte hat kein Happy-end.
Wenige Tage später ist der Mann gestorben.
Aber er hat – wie man früher sagte: seinen Frieden gemacht.
Er ist gelöst gestorben. Der Kampf, der ihn noch vorher so geschüttelt hatte, war beendet. Und hatte ihn jedenfalls nicht als Verlierer zurückgelassen.

Es ist gut möglich, dass jener handfeste Engel ihm das Sterben – das leichtere Sterben – erst ermöglicht hat.
Und gut war es, dass die Besucherin offenbar zur rechten Zeit kam.

Daß Sie heute zur rechten Zeit das Richtige tun – das wünsche ich Ihnen.
Outen Sie sich als der Engel, der in Ihnen steckt – für jemand, der Sie gerade braucht!

Gute Kraft

Meine Tochter, fünf Jahre alt, zeigt mir ein selbstgemaltes Bild. „Das bin ich.“ Erwartungsvoll guckt sie mich an.

„Das ist aber hübsch!“ finde ich und besehe mir die freundliche Figur näher. „Sag mal, was sind denn das für blaue Säcke da an den Seiten? Sind das Flügel – oder Rucksäcke – oder was?“
Sie ist gar nicht verlegen, sie klärt mich auf: “Das ist meine gute Kraft!“ Und weiter erklärt sie mir, das könne man natürlich so nicht *sehen*. Aber es sei *in Wirklichkeit* so.

Ihre gute Kraft! Das, was zu ihr gehört. Was andere nicht so sehen können.

Diese Kraft ist aber „in Wirklichkeit“ so real, die wird dann in einen solchen Bild einfach mitgemalt!

Mir hat ein guter Freund mal gewünscht, dass ich „immer genug Wind unter den Flügeln“ haben soll.
Man ist ja kein Vogel, im Gegenteil ... Manchmal zieht der Alltag doch ganz schön runter. Die Seele sackt ab, das Herz verblüht... wir kümmern dahin und werden krank, auf die eine oder andere Art.
Oder werden mindestens traurig, das Leben schmeckt uns nicht mehr. Das ist „normal“.

Nun aber das Wunderbare: nicht nur Schwäche und Krankheit, auch Stärke kann entstehen. Auch Gesundheit kann wachsen!

Es gibt Quellen, aus denen ich lebe. Es gibt Kräfte, vielleicht verborgene Kräfte, die man nicht so sieht, - die aber zu mir gehören. Die sind real, es gibt sie wirklich.
Sie können mich beflügeln wieder hochtragen, befreien, verändern.

Es gibt nicht nur den Tod, der drohend über allem Leben hängt. Es gibt auch das Leben, das sich dem Tod entgegenstellt.

Wind unter den Flügeln!
Der Prophet Jesaja sagt, die Menschen, die auf Gott hoffen, „kriegen neue Kraft, dass sie auffahren mit Flügeln wie Adler ...“

Malen Sie in Gedanken – oder auf Papier – doch mal ein Bild von sich. Finden Sie ein Bild für Ihre eigene Kraft. Die haben Sie nämlich, auch wenn man sie nicht so sehen kann.
Ob in Form von Energie-Säcken – oder einem Strahlenkranz überm Kopf – oder bezaubernden Augen – das müssen Sie selbst entdecken.
Auch Sie haben - sicher! - Ihre gute Kraft.

„Ma sieht ja gor nix“

Waren Sie schon mal auf der Wartburg? Bei Eisenach? Da, wo Martin Luther die Bibel übersetzt hat?
Ich hatte es endlich verwirklicht. Und fand mich in einer zähen Masse von Besuchern im Burginnenhof wieder.

Vorne – gings nicht weiter, und von hinten – drängte es.
Bewundernswert, wie charmant die Fremdenführer den Ansturm bewältigten und bei Laune hielten, bis es losging.

Das wuchtige alte Gemäuer hat wohl ein geheimes Herz.
Auch für mich war die Erwartung und Spannung am höchsten, einmal in dem sagenumwobenen Lutherzimmer zu stehen. Als wäre die Luft der frühen Zeit noch zu atmen. Als könnte man dem Geist der Jahrhunderte persönlich begegnen.

Schon in der Volksschule hatten wir die Geschichte gehört, wie Luther sein Tintenfaß nach dem Teufel wirft. Der sich darauf schleunigst verkrümelt.

Glaube und Entschlossenheit bezwingen das Böse.
Der Beweis dafür ist nicht der Tintenfleck an der Wand. Vielmehr noch die geschichtliche Großleistung – auch sprachlich, auch menschlich und moralisch ein Wunder – die Bibel auf deutsch. Die wir ja heute noch besitzen – *wenn* wir sie benutzen!

Naja. Gruppen, Ehepaare, Einzelne – aus Japan, den USA, Deutschland – von überall her – wir stopften uns in das geschichtsträchtige Zimmer.
Vor mir ein großer Mann ergatterte den ersten Blick. Nach einem Moment schon wandte er sich ab und sagte enttäuscht zu seiner Frau: „Ma sieht ja gor nix!"

Ja, was konnte man denn sehen?
Einen mittelalterlich anmutenden Raum, ziemlich dunkel – Kachelofen – Stuhl – Schreibtisch. Der war aber später reingestellt worden, und auch der Fußboden war neu.
Da jedenfalls hatte er gesessen, der Reformator, und selbst noch nichts von seiner künftigen Bedeutung geahnt.

Man sieht gar nichts!
Was erwarten wir zu sehen? Woher die Enttäuschung?
Ist es die Banalität des Bedeutungsvollen, die uns irritiert?
Daß wir dem Geheimnis nicht auf die Spur kommen?
Ich weiß es nicht.
Was uns wirklich weiterbringt, was wir wirklich finden müssten: das *Wesentliche* – das ist halt für die Augen unsichtbar. Wir müssen schon mit dem Herzen sehen.

„Der Mensch sieht, was vor Augen ist", sagt die Bibel, „Gott aber sieht das Herz an."
Also das Innere ist entscheidend – nicht das, was nach außen was hermacht.

Unsere inneren Augen zeigen uns die Geheimnisse. Unser Herz sieht das Wesentliche – das Wunderbare.
Wagen Sie doch einen Blick!

Ganz andere Farben

Ich schiebe den vollgekauften Wagen aus dem Supermarkt.
Draußen stehen drei ältere Leute. Nicht die heiligen drei Könige – ganz normal zwei Frauen und ein Mann. Aber wie die lachen!
Während ich Tüten und Päckchen aufs Fahrrad umlade, erwische ich einen Teil ihres Gesprächs.

Der Mann: „Ja man denkt, das ist normal, alles wird grauer und grauer. Bis man mal merkt, das *ist* gar nicht so!
„Ja, und hinterher“, schaltet sich die Frau ein, „Hinterher meint er doch, die Blumen im Garten haben ganz andere Farben! Als wir rauskommen aus dem Krankenhaus, sagt er, die Stadt hat wohl die Häuser neu gestrichen! Und es wärn neue Verkehrsschilder da!“
Wieder Lachen, die drei freuen sich miteinander.

Leider bin ich mit dem Packen fertig, schwinge mich auf mein Fahrrad.

Das war wohl eine Augenoperation gewesen. Mit ungeahnten Folgen!
Vorher alles grau in grau. Unmerklich war die Farbe aus dem Leben des Mannes verschwunden. Vielleicht auch die Lebensfreude, die Kraft, der Schwung. Man wird ja nicht jünger.

Aber doch hat er sich dann ins Krankenhaus gewagt. Sicher beklommen und ängstlich. Aber danach, welche Offenbarung!
Nicht nur neue Augen, ein neuer Blick. Das muß gewesen sein wie eine andere Welt. Ein neues Leben.

Beim Nachhauseradeln fühle ich: oh, das beschämt mich. Und macht mich glücklich!
Nachträglich muß ich sogar in das Lachen der Drei einstimmen.
Ich kann ja alle Farben sehen. Wie froh müsste ich sein, jeden Augenblick meines Lebens!

Dabei genieße ich das Licht. Nehme Farben bewusst wahr.
In unterschiedlicher Kraft und Stimmung gibt die Sonne den Dingen der Erde ihre Farben. Anders am Morgen als am Abend. Anders im Mai als im September. Und das Dezemberlicht mit seiner Verheißung nach mehr.

Sind wir nicht Lichtmenschen, die sich in der Dunkelheit ängstigen wie Kinder? Die sich sehnen nach Wärme und Glanz?
Vielleicht ist gerade das Sehnen so wertvoll.
Wenn es dann kommt, das Licht, erleben wir das Alltägliche als ein Wunder.
Und das ist es in Wirklichkeit auch.

Kein Wasser für die Blumen

Tage- und nächtelang sind sie im Einsatz, am Elbdeich bei Dannenberg.
Feuerwehr und THW, Bundeswehr, aber auch Helferinnen und Helfer von werweißwo. Eine Pfadfindergruppe aus Schleswig – Holstein. Und Leute, die einfach so kommen, Sandsäcke füllen, für ein paar Stunden oder viele Stunden.

Gerüchte tauchen auf – und wieder ab: dies oder jenes Dorf müsse wohl noch evakuiert werden. Weiß man, was noch kommt? Noch hält der Deich.

In all dem Gewimmel, der Aufregung und konzentrierten Anstrengung geht ein älterer Mann auf den Bürgermeister zu.
Warum man nicht wenigstens den Weg zum Friedhof trockenlegen kann? beschwert er sich.
Er hätte grade jetzt Verwandtenbesuch. Und grade jetzt könne er nicht mit ihnen zum Friedhof, die Blumen auf dem Grab gießen…

Zum Lachen oder zum Heulen, diese Geschichte. Ein Kollege hat sie mir erzählt. Er ist Pastor. Aber er ist auch Feuerwehrmann, und so waren die letzten Nächte für ihn sehr, sehr kurz.

Die Warnungen kamen ja rechtzeitig. Mit ihnen die Bilder aus Dresden. Aber man vertraute in das Deichsystem. Anfang der 60er wurde es eingeweiht. Das würde schon halten.
Dann kam das Wasser angerollt, stieg und steig. Nachhaltig war das Erstaunen, dass so was passieren kann.

Dannenberg hat einstweilen noch Glück gehabt. Anderswo sind mit dieser Flut ganze Lebensentwürfe weggeschwemmt worden. Das Wasser hat eine ungeheure Gewalt entwickelt, eine Gewalt der Zerstörung.

Und der alte Herr kann nicht auf den Friedhof…
Über seinem persönlichen und, wie uns scheint, sehr unbescheidenem Ärger hat er das Ausmaß der Bedrohung völlig aus dem Blick verloren.
So sind wir Menschen. Wir sehen gerne nur das, was uns selber grad betrifft.

Aber ich finde: das Gute in all dem Schlimmen ist doch, dass Menschen wieder einander helfen. Daß viele eine Ahnung bekommen von dem, was wirklich wichtig ist. Daß wir einander ansehen in unserer Not und Bedürftigkeit. Uns über Hilfe freuen – aber auch übers Helfenkönnen!
Das verbindet.

Solcher Zusammenhalt, der da entsteht, hilft gegen Weltuntergangsstimmung. Ein bisschen mindestens.

Verzweiflung muß nicht endgültig bleiben. Mitgefühl heilt Wunden.
Gerade in einer Krise können Kräfte frei werden, von denen wir gar nichts mehr wussten.

Und immer noch gilt Gottes Verheißung, die er Noah nach der großen Flut gegeben hat.
Er will die Erde erhalten. Seine Liebe zu uns hat kein Ende.

Brötchentüte

Wenn ich Brötchen einkaufe, denke ich manchmal noch an diesen älteren Mann. Also, es ist schon Jahre her.

Ich stand im Bäckerladen, er war vor mir dran.
Die junge Verkäuferin lächelte so. Da wusste ich, sie kennt ihn schon.

Er zog etwas umständlich ein Papier aus seiner Jackentasche, faltete es auf und legte es auf den Tresen. Strich es noch mal mit der Hand glatt.
Eine Brötchentüte. So klein. Reichte gerade für *ein* Brötchen.

Ich stand und guckte und dachte für einen Moment: Spinnt der? Tüten gibt's hier doch.
Und, genau: dem Aufdruck nach war sie aus diesem Laden.

Also die Verkäuferin nickte, sagte, ein Brötchen, ja? – und tat es rein.
„So, Herr (sie nannte seinen Namen)", er dankte, bezahlte, grüßte und ging.
Alles mit einer Mischung aus Bescheidenheit und Selbstbewusstsein.

Als ich mit meiner vergleichsweise riesigen Tüte dann draußen war, musste ich erstmal den Kopf schütteln. Toll!

Als noch kein Mensch von Recycling redete, ging dieser Mensch so liebevoll mit einer Brötchentüte um.
Klar, das fand ich auch gut. Mit derselben Sparsamkeit hat meine Oma ihre fünf Kinder durch den Krieg gebracht. Und durch die Nachkriegszeit.
Aber das war´s nicht allein, was mir Eindruck machte.

Dieser Mann: so schlicht und klar. So würdig. Irgendwie großartig. Die Handbewegung beim Glätten der Tüte. Und die Freundlichkeit der Verkäuferin. Ohne jeden Hinterhalt. Auch würdevoll, beinah zärtlich.
Und das alles so normal, ohne Absicht.

Mir war danach, dem Mann oder der Frau was Nettes zu sagen.
Ich hätte mich gerne irgendwie – einverstanden erklärt. Naja, dann wars auch schon zu spät dafür.

Ich hätte mich gerne bedankt, aber unauffällig, als harmlose Bemerkung getarnt. Denn das Zarte und Stille an dem, was ich gerade mitgekriegt hatte, wollte ich ja nicht kaputtmachen.
So ging ich dann halt in den Tag rein. Mit meiner gewaltigen Brötchentüte.

Knapp daneben – oder?

Neulich hat mich eine kurze Zeitungsnotiz verblüfft.
Einer, der leider nicht – Millionär geworden ist, der um ein Haar weltberühmt und stinkreich hätte werden können, der war gar nicht traurig, dass alles ganz anders kam!

Also, Sie kennen die Beatles. Die legendäre Band aus Liverpool. Die Vier machten als „Pilzköpfe“ Furore und wurden immer noch berühmter.
Auch die haben mal klein angefangen.

Zu Anfang war ein junger Mann dabei, der ist später ausgestiegen – egal jetzt mal, aus welchen Gründen.
Die späteren Beatles haben weitergemacht mit ihrer phantastischen Musik und dem aufregenden Leben. Millionen von Teenagern schmachteten sie an – ältere Leute fürchteten den rasenden Untergang unserer Kultur.

Der Junge, der nicht mehr dabei war, hatte auch seine Karriere.
Er probierte alle möglichen Jobs aus, bis er schließlich eine gut gehende Imbißbude besaß. Durch diesem Umstand fütterte er auch die Fans seiner ehemaligen Kollegen ab, die inzwischen in riesigen Hallen und Stadien auftraten.
So hat ihn auch irgendein Reporter aufgespürt.

Ob er mit seinem Leben zufrieden sei? Oder ob er seine damalige Entscheidung bereue, sich von der Gruppe zu trennen?
Nein! sagte der Imbißbudenbesitzer, er sei nicht traurig darüber. Es gehe ihm gut, er sei mit seinem Leben zufrieden. Warum sollte er neidisch sein?

Ich kenne nicht mal den Namen dieses Mannes. Aber er ist mir sympathisch, und er hat meinen Respekt. Denn er hat sich innerlich unabhängig gemacht.

Statt sich zu ärgern über verpasste Großartigkeit, schätzt er das, was er hat.
Statt dem nachzutrauern, was hätte sein können, macht er was Ordentliches aus seinen vielleicht nicht so genialen Möglichkeiten.

Ich stelle mir vor, wie er Bratwurst und Pommes verteilt – die Leute essen und werden satt – und es ist einfach gut!

Das wünsche ich mir manchmal: schlichte Dinge zu tun, die einfach gut sind. Sie müssen nicht besonders toll sein oder Aufsehen erregen.
Vielleicht ist es nur das, was getan werden *muß*.
Aber das wird reichen. Bei Gott! Wird das reichen.

Inhaltsverzeichnis

Printed by Books on Demand GmbH, Norderstedt / Germany